Der

Trassirt-eigene Wechsel.

Von

Dr. Alexander Heinrich Fick,
außerordentl. Professor der Rechte in Zürich.

Berlin. 1853.

Verlag der T. Trautwein'schen Buch- und Musikalien-Handlung.
(J. Guttentag.)

Ueberſicht des Inhalts.

Drittes Kapitel.

Rechtsfolgen des legalen trassirt-eigenen Wechsels.

Viertes Kapitel.

Rechtsfolgen des illegalen trassirt-eigenen Wechsels.

Einleitung.

Seitdem die allgemeine deutsche Wechselordnung in fast allen[1]) deutschen Bundesstaaten, ja in einem Länderkomplexe, der an Flächenraum und Seelenzahl das weiland heilige römische Reich deutscher Nation um ein Bedeutendes übertrifft, zu gesetzlicher Geltung gekommen ist, hat die deutsche Rechtswissenschaft auf dem Gebiete des Wechselrechts eine wesentlich neue Aufgabe, der Begriff des deutschen Wechselrechts einen wesentlich veränderten Inhalt gewonnen.

Faßt man den früheren thatsächlichen Zustand des in Deutschland geltenden Wechselrechts unbefangen und vorurtheilsfrei ins Auge, so konnte damals von einem deutschen Wechselrechte nur in einem sehr uneigentlichen Sinne dieses Wortes die Rede sein[2]). Die Reichsgesetze, welche gelegentlich das Wechselinstitut berührten, enthielten im Grunde genommen nichts weiter, als die reichsgesetzliche Anerkennung und Einschärfung höchst partikularer Wechselusanzen und Gesetze. Von einer im eigentlichen Sinne des Wortes deutschen, nicht bloß lokalen Handels-Usanz in Beziehung auf das Wechselwesen, hat unseres Wissens noch kein Beispiel nachgewiesen werden können[3]). Die partikularen oder höchst lokalen Wechselrechte, welche in Deutschland Geltung erlangt hatten,

---

1) Man vergl. unseren Aufsatz im Archiv für deutsches Wechselrecht Bd. I, Heft 4, S. 419.

2) Treitschke's Encyklopädie Bd. I, S. 337 sub voce „Deutschland".

3) Der Handel hat überhaupt, abgesehen vom Buchhandel, keinen specifisch-deutschen Centralpunkt, von dem aus sich eine specifisch-deutsche Handelsusanz entwickeln könnte. Wir glauben, abgesehen von dem Gewohnheitsrechte der

waren zum Theil geradezu recipirtes, specifisch fremdes Recht; soweit sie es nicht waren, standen sie unter einander in keinem innigeren Zusammenhange, als mit den bei fremden Nationen geltenden Wechselrechten. Der so oft zur Rettung des Begriffs von einem deutschen Rechte beliebte Vergleich der in Deutschland geltenden Partikularrechte mit den verschiedenen Dialekten der einen deutschen Sprache würde auf dem Gebiete des Wechselrechts nichts weniger, als passend, gewesen sein. So hatte das Wechselrecht Oesterreichs und anderer süddeutscher Gebiete weit mehr innere Verwandtschaft zu der französisch-romanischen Entwickelung des Wechselrechts, als zu dem Wechselrechte der norddeutschen Hanse-Städte, und namentlich Hamburgs, des wichtigsten deutschen Handelsplatzes. Das hamburgische Wechselrecht hatte mehr innere Verwandtschaft zu dem englisch-amerikanischen Wechselrechte, als zu irgend einem der übrigen deutschen Staaten, in welchen es zu einer umfassenden Wechselgesetzgebung gekommen war. Man bestimme immerhin den Begriff eines deutschen Rechtes in der von Gerber[1]) vorgeschlagenen Weise; man verzichte darauf, ein für Deutschland, als ein Ganzes, und wäre es auch nur bedingt-subsidiär geltendes Recht darunter zu begreifen: selbst dann, wenn man darunter nur ein vom einheitlich-deutschen Volksgeiste producirtes Recht verstehen will, würde es schwer gefallen sein, vor dem Entstehen der allgemeinen deutschen Wechselordnung einen nur irgend wie erquicklichen Inhalt für den Begriff eines deutschen Wechselrechts nachzuweisen. Die einzigen Grundgedanken, die sich durch verschiedene partikulare in Deutschland geltende Wechselrechte, als gemeinsame, als „Ausdruck bestimmter einheitlicher Bewegungen des allgemeinen deutschen Rechtsbewußtseins[2])“ hindurchzogen, und die deshalb als Inhalt eines spezifisch deutschen Wechselrechts hätten gelten können, reduciren sich bei unbefangener Prüfung auf wenige traditionelle Irrthümer

---

deutschen Buchhändler, die Existenz deutscher Handelsusanzen ganz allgemein leugnen zu müssen. Was man für solche ausgiebt, sind entweder kosmopolitisch-universelle oder höchst lokale: Berlinische, Wienerische, Hamburgische rc. Usanzen. Dies gegen Brinckmann, welcher die Wissenschaft als Rechtsquelle leugnet, und gleichwohl ein gemeines deutsches Handelsrecht begründen will. S. sein Lehrbuch des Handelsrechts §. 7.

1) Das wissenschaftliche Princip rc. von Gerber, und dessen deutsches Privatrecht §. 1 bis 10.

2) S. Gerber deutsches Privatrecht S. 11 nota 2.

deutscher Rechtslehrer, die sich in der Gesetzgebung und Rechtsübung einzelner deutscher Staaten Eingang verschafften. Namentlich würde hierher die Ansicht gehören, daß das Wort „Wechsel" und die durch dasselbe kontraktlich übernommene Unterwerfung eines Schuldners unter einen exceptionell schleunigen Proceß mit Personalexekution die wesentlichen Bestandtheile des Wechselkontrakts seien — eine Ansicht, die allerdings eine specifisch-deutsche genannt werden kann, weil sie vom deutschen Juristenstande, als einem natürlichen Organe des einheitlich deutschen Volksgeistes producirt und zur Geltung gebracht worden ist.

Wenn nun Angesichts dieser Thatsachen dennoch die Rechtsverfassung einzelner deutscher Staaten an die deutsche Rechtswissenschaft die unabweisbare Anforderung stellte, ein deutsches Wechselrecht, und zwar ein gemeinrechtlich geltendes deutsches Wechselrecht zu konstruiren [1]): so mußte dies dahin führen, die augenscheinlich kosmopolitisch-universelle Natur des Wechselinstituts näher ins Auge zu fassen, und auch in praktischem Interesse auszubeuten. In der That ließen sich die Bedürfnisse des Wechselverkehrs (die s. g. Natur der Sache), und die dadurch hervorgerufenen Rechtsansichten der gesammten Handelswelt, wie sie in zahllosen Usanzen und Gesetzen sich aussprechen, als eine gemeinsame Quelle betrachten, aus welcher das positive Wechselrecht an allen Orten, in welchen ein Wechselverkehr ins Leben tritt, entspringe. Auf diese Wahrnehmung gestützt mußte nun von der deutschen Rechtswissenschaft der Versuch gemacht werden, aus dieser weltbürgerlich-gemeinsamen Rechtsquelle einen Inbegriff von Wechselrechtsnormen zu schöpfen, welche, wie überall, wo überhaupt Wechselrecht gilt, so auch in Deutschland als subsidiäres Recht, und somit auch als deutsches, d. h. für ganz Deutschland geltendes Recht in Anwendung gebracht werden könnten. Nur in diesem, gewiß sehr uneigentlichen Sinne, konnte vor

---

1) Daß z. B. die Rechtsverfassung in Kurhessen diese unabweisbare Anforderung an die deutsche Rechtswissenschaft stellte, glauben wir in unserem Aufsatze, Archiv für Wechselrecht Bd. II Heft 3 Nr. XI, unwiderleglich bewiesen zu haben. Ganz dasselbe muß auch von solchen Gebieten gelten, wo kraft lokaler Usanz oder kraft Gerichtsgebrauchs der Grundsatz, „daß Wechselrecht gilt", feststand, aber ebenso wenig, wie in Kurhessen die Mögligkeit einer partikularrechtlichen Fixirung dessen, was als Inhalt des Wechselrechts anzusehen ist, vorlag. Vielleicht konnte man dies von Nassau und Mecklenburg nachweisen. S. Thöl Handelsrecht Bd. II §. 152 nota 3. Aber schon das Beispiel Kurhessens beweist zur Genüge, daß das, was Gerber, deutsches Privatrecht §. 7 nr. 3, sagt, soweit es unserer Ansicht widerspricht, nicht richtig ist.

Entstehung der allgemeinen deutschen Wechselordnung von einem deutschen, d. h. der deutschen Nation als einem Ganzen angehörenden Wechselrechte die Rede sein. Es gab also damals kein anderes deutsches Wechselrecht, als die Ergebnisse dieser Bemühungen der deutschen Wissenschaft, kosmopolitisch-gemeinrechtliche Wechselrechtsnormen zu finden.

Durch die Einführung der allgemeinen deutschen Wechselordnung kam nun vor allen Dingen ein sehr reichhaltiges Material eines deutschen Wechselrechts in sofern zu Tage, als man unter deutschem Rechte ein von der gesammten Nation producirtes versteht. Die allgemeine deutsche Wechselordnung ist ihrem ganzen Inhalte nach in der That ein Ausdruck bestimmter einheitlicher Bewegungen des allgemeinen deutschen Rechtsbewußtseins, und somit, wenigstens in dem Sinne von Gerber, deutsches Recht, nämlich Objekt der Wissenschaft eines deutschen Privatrechts. Sie ist aber nicht bloß ein solches materiell specifisch deutsches Recht; sie ist auch durch eine besondere Verkettung historischer Ereignisse zu einem für fast ganz Deutschland formell geltenden Rechte geworden; ja sie ist, wie das bisher nur dem englischen und französischen Wechselrechte in größerem Maßstabe wiederfuhr, auch außerhalb ihres Mutterlandes, als recipirtes Recht bei anderen Völkern (Slaven, Ungarn, Italienern) gesetzlich eingeführt worden.

Die für Deutschland unmittelbar praktische Bedeutung jenes Versuchs der Wissenschaft, ein kosmopolitisch-gemeines und deshalb auch in Deutschland gemeinrechtlich geltendes Wechselrecht zu konstruiren, hat damit aufgehört [1]). Es ist von nun an zunächst nur ein rein wissenschaftliches Interesse, welches dahin drängt, die kosmopolitisch-universelle Natur des Wechselinstituts auch noch ferner ins Auge zu fassen. Die daraus resultirende allgemeine Wechselrechtstheorie ist in ihre natürliche Stellung einer wissenschaftlichen Einleitung in das praktische Recht konkreter Nationen zurückgetreten, und hat fortan auch für Deutschland nur als solche, also nur mittelbar praktische Bedeutung. Es handelt sich nicht mehr darum, aus den zahllosen lokalen Aeußerungen

1) Selbst für Kurhessen hat gegenwärtig ein solcher Versuch sein praktisches Interesse zum großen Theile eingebüßt. Auch dort wird, wie wir a. a. O. nachgewiesen haben, die deutsche Wechselordnung, wenn auch nicht als Gesetz, so doch in vielen Bestandtheilen als ein wissenschaftliches Gutachten von überwiegender Autorität zur Anwendung gebracht werden müssen.

des Rechtsbewußtseins der gesammten vom Wechselverkehre belebten Handelswelt, ein praktisch anwendbares Theorierecht für diejenigen deutschen Gebiete zu konstruiren, welche durch lokale Usanzen oder Gesetze auf ein solches verweisen. Die deutsche Rechtswissenschaft hat jetzt auf dem Gebiete des Wechselrechts vorzugsweise die Aufgabe, das deutsche Wechselrecht, als solches, sowohl in seinem Gegensatze, wie auch in seinem inneren Zusammenhange mit dem Wechselrechte anderer Nationen wissenschaftlich zu durchdringen und darzustellen, und damit zugleich für ein Ländergebiet von mehr als 70,000000 Seelen, ein ganz unmittelbar praktisch anwendbares Material zu bereiten.

Zur Förderung und Lösung dieser wesentlich neuen Aufgabe der deutschen Rechtswissenschaft einen Beitrag zu liefern, ist der Zweck der nachfolgenden Abhandlung über den trassirt-eigenen Wechsel. Daß wir gerade diesen Gegenstand gewählt haben, hat einen doppelten Grund. Zunächst schien uns die Untersuchung über Begriff und Rechtsfolgen des trassirt-eigenen Wechsels vorzugsweise geeignet, ein natürlicher Mittelpuukt zu sein für die wissenschaftliche Behandlung einer ganzen Reihe von wechselrechtlichen Rechtsfragen, welche nicht nur großes praktisches Interesse darbieten, sondern auch mehr, als andere, Gelegenheit geben, gerade auf jenen Gegensatz sowohl, als inneren Zusammenhang des deutschen Wechselrechts mit dem Wechselrechte anderer Völker etwas tiefer einzugehen. Sodann aber hat uns dabei der äußere Umstand geleitet, daß der trassirt-eigene Wechsel bereits Gegenstand einer wissenschaftlichen Kontroverse geworden ist.

Pöschmann hat in Nr. VIII des 2. Bandes des Archivs für deutsches Wechselrecht den „eigenen Wechsel“ zum Gegenstande einer Abhandlung gemacht, und bei dieser Gelegenheit seine Ansichten über den Begriff und die rechtlichen Wirkungen des trassirt-eigenen Wechsels entwickelt. In Nr. XII. desselben Bandes hat Einert sich ausschließlich mit Betrachtungen über den trassirt-eigenen Wechsel beschäftigt. Die Resultate beider Arbeiten bilden einen höchst auffallenden Gegensatz. Die pos. 2 art. 6 der deutschen W. O. erklärt als Voraussetzung, als Erforderniß des als Tratte, und zwar nur als Tratte zu behandelnden trassirt-eigenen Wechsels die Ortsverschiedenheit zwischen Zahlungs- und Ausstellungsort. Pöschmann versteht diese Bestimmung dergestalt rein formell und buchstäblich, daß es genügend sei, wenn nur in irgend denkbarer Weise auf räumlich getrennte Punkte als

Ausstellungsort einerseits und Zahlungsort andererseits hingewiesen werde. Namentlich sei schon dann diesem Erfordernisse vollkommen entsprochen, wenn als Ausstellungsort die eine Etage, als Zahlungsort die andere Etage ein und desselben Hauses angegeben sei. Einert verweist dagegen zunächst auf das französische Erforderniß aller Tratten (elle est tirée d'un lieu sur un autre), wonach zum Begriffe der Ortsverschiedenheit mindestens Verschiedenheit der Gemeinden gehören würde [1]). Einert geht noch weiter und behauptet sehr bestimmt, daß auch bei der allerweitesten Entfernung zwischen Ausstellungsort und Zahlort ein trassirt-eigener Wechsel diesem Erfordernisse nicht entspreche, wenn der Trassant am Zahlorte seinen einzigen geschäftlichen Mittelpunkt habe.

Die Frage, wie es mit einem trassirt-eigenen Wechsel zu halten sei, welcher dem Erfordernisse der pos. 2 §. 6 nicht entspricht, ist in der Wechselordnung nicht direkt entschieden. Pöschmann entscheidet diese Frage dahin, daß dergleichen Papiere überhaupt keine Wechsel, weder Tratten noch eigene Wechsel seien; jedoch könne ein solches Papier den Inhaber, sofern ihm nicht die Kenntniß der Identität zwischen Trassant und Trassat nachgewiesen werde, zu einer Klage gegen den Aussteller berechtigen, bei der aber dann das Papier nur als Tratte in Betracht komme. Einert behauptet gerade umgekehrt, daß ein solches Papier zunächst als eigener Wechsel in Betracht komme, und nur dann noch außerdem auch als Tratte behandelt werden könne, wenn das Verhältniß der Identität zwischen Trassant und Trassat nicht so klar vorliege, daß es von Jedermann erkannt werden müsse.

Schon allein diese auffallende Verschiedenheit der Resultate, zu welchen diese beiden Bearbeitungen geführt haben, schien uns eine nochmalige gründliche Untersuchung über den trassirt-eigenen Wechsel nothwendig zu machen.

---

1) Thöl Bd. II des Handelsrechts erwähnt §. 163 nota 12 pag. 81 ein Urtheil, aus welchem dies hervorgeht. Ob es aber nach französischer Jurisprudenz genüge, wenn von einer Dorfgemeinde in die nächstgelegene Stadt gezogen werde, scheint zweifelhaft. Pardessus cours de droit commercial. Nr. 332.

Erstes Kapitel.

Begriff und Geschichte des trassirt-eigenen Wechsels vom Standpunkte der allgemeinen Wechselrechtstheorie.

§. 1. Begriff.

Der Begriff des trassirt-eigenen Wechsels beruht auf der Voraussetzung, daß es zwei verschiedene Hauptformen des Wechsels gebe, die Tratte und der eigene Wechsel, und daß für eine jede von beiden besondere Voraussetzungen (s. g. Erfordernisse) und besondere Rechtsfolgen (s. g. Eigenschaften) durch Rechtsvorschrift (Usanz oder Gesetz) bestimmt seien. Daß eine solche Unterscheidung zweier Hauptformen des Wechsels in der That fast allen positivrechtlichen Gestaltungen des Wechselinstituts zu Grunde liege, kann als eine ausgemachte Sache gelten. Was die unterscheidenden Merkmale in den Voraussetzungen, den s. g. Erfordernissen anbetrifft, so führt eine Vergleichung der verschiedenen positiv-rechtlichen Gestaltungen des Wechselinstituts unzweifelhaft zu dem Satze, daß für den Begriff der Tratte (cambium trassatum, lettre de change, bill of exchange) eine Zahlungsanweisung, Zahlungsbefehl („Zahlen Sie") wesentlich sei, während der eigene Wechsel (cambium siccum oder proprium, billet à ordre, promissory note) sich als ein direktes Versprechen des Ausstellers, selbst zu zahlen („Ich zahle, ich verspreche zu zahlen"), charakterisire. Die Verschiedenheit in den Rechtsfolgen äußert sich in den einzelnen positiven Wechselrechten auf sehr mannigfaltige Weise. Nicht selten werden, namentlich in älteren Wechselgesetzen, den eigenen Wechseln entweder allgemein, oder doch dann, wenn sie nicht von Kaufleuten ausgestellt sind, gerade solche Rechtsfolgen, die man für charakteristisch-wechselrechlich hält, z. B. die Personalexekution, der Wegfall der s. g. exceptiones ex persona indossantis, gänzlich abgesprochen. In der Regel aber sind es nur einzelne besondere Rechtsfolgen der Tratte, namentlich die s. g. Akceptabilität und die Nothwendigkeit gewisser s. g. Diligenzen zur Wahrung der Ansprüche gegen den Aussteller, welche bei dem eigenen Wechsel wegfallen sollen, während alles Andere, was man als charakteristisch-wechselrechtliche Rechtsfolgen ansieht, die Girirbarkeit, die strenge Zahlbarkeit und Klagbarkeit, beiden Formen gemeinsam zuerkannt wird.

Bei solchen Gegensätzen der Rechtsfolgen zwischen Tratte und eigenem Wechsel ergeben sich zwei sehr wichtige Fragen, von denen die eine den Begriff des domicilirten Eigenwechsels, die andere den Begriff des trassirt-eigenen Wechsels unmittelbar in sich schließt.

1) Wenn das Papier zwar ganz bestimmt als ein Versprechen des Ausstellers, selbst zu zahlen, formulirt ist, und auch sonst allen formellen Erfordernissen eines Eigenwechsels vollständig entspricht, aber zugleich entweder eine vom Aussteller verschiedene Person benannt ist, durch welche die Zahlung bewirkt werden soll (Domiciliat), oder wenigstens dadurch auf die Absicht, die Zahlung durch eine andere Person bewirken zu lassen, hingedeutet ist, daß ein vom Ausstellungsort (dem präsumptiven Geschäftsort des Ausstellers) verschiedener Zahlort angegeben ist: — ist ein solches Papier (**domicilirter Eigenwechsel**) als Tratte oder als Eigenwechsel zu behandeln?

2) Wenn das Papier zwar ganz bestimmt als ein Zahlungsbefehl formulirt ist und auch sonst allen formellen Erfordernissen einer Tratte vollständig entspricht, aber zugleich entweder geradezu der Befehl an den Befehlenden selbst gerichtet ist, oder wenigstens dadurch auf die Absicht, diesen als die Person, durch welche die Zahlung geschehen solle, im Sinne zu haben, hingewiesen ist, daß für sie (den Trassaten) genau dieselbe Bezeichnung (Name, Stand, Firma 2c.), wie für den Aussteller selbst, gebraucht wird: — ist ein solches Papier (**trassirt-eigener Wechsel**) als Eigenwechsel oder als Tratte zu behandeln?

Vom Standpunkte einer allgemeinen Wechselrechtstheorie aus sind beide Fragen gleich wichtig; wir werden jedoch die erstere, weil sie durch die Bestimmungen der deutschen Wechselordnung selbst mit großer Bestimmtheit entschieden ist, nur gelegentlich berühren, während die zweite, welche durch die Wechselordnung nur in einigen Punkten entschieden ist, einer gründlichern Untersuchung bedarf. Gerade diese zweite Frage ist aber bisher vom Standpunkte einer allgemeinen Wechselrechtstheorie aus nur sehr oberflächlich und nur gelegentlich berührt worden. Als Gegenstand legislativer Entscheidung ist dieselbe, von einigen ganz isolirten Bestimmungen in älteren Wechselordnungen außerdeutscher Staaten abgesehen, überhaupt erst bei der Abfassung der allgemeinen deutschen Wechselordnung in Betracht gezogen worden. Die Erklärung hiefür liegt einfach darin, daß im geschäftlichen Leben in früherer Zeit, wenigstens in Deutschland, nur sehr selten Papiere in der Form, die wir so eben als trassirt-eigener Wechsel definirt haben, ausgestellt worden sind. Daß aber Name und Sache, wie Einert in dem erwähnten Aufsatze S. 374 behauptet, in frühern Zeiten gar nicht vorgekommen sei, vielmehr beides eine Errungenschaft der allerneusten Zeit sei, dürfte nach den wenigen Mittheilungen, die wir in den folgenden §§. dieses Kapitels zu machen haben, nicht ganz richtig sein.

§. 2. Die englische Theorie.

In den Ländern, wo das englische common law die Grundlage des positiven Wechselrechts bildet, also in einem sehr großen Theile der bewohnten Erde (England, den englischen Kolonien und den nordamerikanischen Freistaaten) gilt im Allgemeinen der Grundsatz, daß jeder schriftliche unbedingte und bestimmte Zahlungsbefehl die Rechtsfolgen der Tratte (bill of exchange), und jedes schriftlich abgefaßte unbedingte und bestimmte Zahlungsversprechen die Rechtsfolgen des Eigenwechsels (promissory note) nach sich ziehe. Dies wird von Smith compendium of mercantile law Buch 3 cap. 1 section 1, eben so, wie von allen andern englischen Handelsrechtslehrern, als ein unbestrittener und durch zahllose Entscheidungen der Gerichte bestätigter Satz hingestellt. Derselbe Smith stellt nun weiter den Satz auf, und belegt denselben in nota h an der angegebenen Stelle mit gerichtlichen Entscheidungen: „daß in allen Fällen, wo es nach der in der Schrift gewählten Ausdrucksweise zweifelhaft sei, ob ein Zahlungsbefehl oder ein Zahlungsversprechen gemeint sei, der Aussteller in beiden Richtungen, sowohl als Aussteller eines eigenen Wechsels, wie auch als Aussteller einer Tratte obligirt werde.“ Hierdurch würde denn für beide Rechtsfragen, sowohl für die über den domicilirten-eigenen Wechsel, als auch für die über den trassirt-eigenen Wechsel, ein und dasselbe Entscheidungsprincip gewonnen sein. Es würden in jedem einzelnen Falle alle Umstände genau zu erwägen sein, um wo möglich den Zweifel, ob der Aussteller wirklich etwa das Eine oder das Andere gemeint habe, zu beseitigen, und wenn gleichwohl Zweifel bliebe, so würde zu Gunsten des klagenden Inhabers gegen den verklagten Aussteller zu entscheiden sein. Daß dieses von Smith ganz allgemein hingestellte Princip der Entscheidung namentlich auch auf die Frage über den trassirt-eigenen Wechsel angewendet worden, und mithin diese eigenthümliche Wechselform dem englischen Geschäftsleben nicht fremd geblieben ist, erfahren wir aus einer Stelle in dem Werke Story's (Dr. Joseph Story's Wechselrecht übersetzt von Treitschke), wo es im §. 59 heißt: „So wird bisweilen ein Wechsel vom Aussteller auf sich selbst gezogen; dann hat nach unserem Rechte der Inhaber die Wahl, ihn entweder nach seiner formalen Eigenschaft als Tratte (bill of exchange) oder nach seiner realen Eigenschaft als eigenen Wechsel (promissory note) zu behandeln."

§. 3. Die französische Theorie.

Der code de commerce setzt im §. 110, wo die Erfordernisse der Tratte aufgestellt werden, das der s. g. distantia loci, d. h. der Verschiedenheit zwischen Ausstellungsort und Zahlort an die Spitze: la lettre de change est tirée d'un lieu sur un autre. Dies Erforderniß und gewissermaßen damit zusammenhängend: die Nothwendigkeit der Angabe des Ortes, wo und des Namens der Person, durch welche gezahlt werden soll, ist für die billets à ordre nicht vorgeschrieben. Im Uebrigen stimmen die für Tratten festgesetzten Erfordernisse mit denen für billets à ordre im §. 188 festgestellten Erfordernissen wörtlich überein.

Was die Verschiedenheit beider Rechtsformen in Beziehung auf die Rechtsfolgen anbetrifft, so besteht diese darin 1) daß bei dem billet à ordre alles das wegfällt, was man die Acceptabilität nennt, und was mit derselben in untrennbarem Zusammenhange steht, 2) darin, daß der Aussteller einer lettre de change, nicht aber der eines billet à ordre, wenigstens dann durch Nichtbeobachtung der s. g. Diligenzen bei Verfall (Präsentation zur

Zahlung, Protestation Mangels Zahlung, Wahrung der kurzen Regreßfristen) liberirt wird, wenn er beweisen kann, daß er gehörig für Deckung gesorgt habe, 3) endlich darin, daß das billet à ordre nur dann als Handelsgeschäft in Betracht kommt, wenn es entweder von Kaufleuten oder wegen eines ihm zu Grunde liegenden Handelsgeschäfts ausgestellt ist, während die lettre de change schon der Form wegen vom Gesetz für ein Handelsgeschäft erklärt ist, und demgemäß ganz allgemein: a) die Kompetenz der Handelsgerichte begründet, b) den Personalarrest als Exekutionsmittel gegen den Aussteller nach sich zieht, und endlich c) von den sonst bei Schuldurkunden vorgeschriebenen Förmlichkeiten, daß entweder die ganze Schrift, oder doch eine die Summe mit Buchstaben enthaltende Genehmigung eigenhändig geschrieben sein müsse, dispensirt. Abgesehen von diesen 3 Unterschieden, so namentlich, was die Girirbarkeit und die aus Indossamenten entspringenden Rechtsverhältnisse anbetrifft, sind die Tratten und Eigenwechsel nach französischem Rechte vollkommen gleich gestellt. Vergl. hierüber §. 117 und §. 187 des code de commerce und Pardessus cours de droit commercial. Nr. 480.

Unter den Papieren, welche nach obiger Definition unter den Begriff des domicilirten Eigenwechsels fallen würden, hat nun die französische Jurisprudenz diejenigen, bei welchen dem Erfordernisse der distantia loci entsprochen ist (billets à domicile) in den sub 2 und 3 hervorgehobenen Punkten vollständig der Tratte gleichgestellt. Vergl. hierüber Pardessus Nr. 479 und 481, wo die hier einschlagenden Entscheidungen des Kassationshofes in Paris angeführt sind. Es steht demnach im französischen Rechte der Satz fest, daß eigene domicilirte Distancewechsel sich von Tratten lediglich durch die Nichtacceptabilität, und was mit dieser im Zusammenhang steht, unterscheiden.

Hieraus ergiebt sich denn, daß die Frage, wie die trassirt-eigenen Wechsel nach französischem Rechte zu behandeln seien, von sehr geringer Bedeutung ist. Da es nämlich zum Begriffe des trassirt-eigenen Wechsels, wie wir denselben oben gefaßt haben, gehört, daß er allen Erfordernissen der Tratte entspricht, und sich von einer gewöhnlichen Tratte nur durch die offen oder indirekt angedeutete Personenidentität zwischen Aussteller und Zahler unterscheidet, so würde hiernach der trassirt-eigene Wechsel, auch wenn man ihn nicht als Tratte gelten lassen wollte, doch wenigstens unter den Begriff des billet à domicile, d. h. des domicilirt-eigenen Distance-wechsels fallen. Des ungeachtet hat die französische Jurisprudenz sich mit der Frage über den trassirt-eigenen Wechsel beschäftigt. Von einigen älteren Juristen, so namentlich von Merlin in seinen Questions de droit Tom I art. domicile S. 215—319 wurde folgende Ansicht vertheidigt:[1]) der §. 110 code de commerce fordere zwar die Angabe des Namens des Trassaten, aber nicht Personenverschiedenheit zwischen Trassant und Trassat zum Begriffe der Tratte. Wenn daher überhaupt nur ein Name des Bezogenen angegeben, und übrigens den Voraussetzungen der Tratte entsprochen sei, so müsse ein solches Papier schlechthin als Tratte und zwar nur als Tratte behandelt werden, möchte noch so sehr dieser Name und die ihm entsprechende Person mit dem Namen und der Person des Ausstellers identisch sein. Diese Ansicht ist aber von dem höchsten Gerichtshofe[2]) mehrfach mißbilligt worden. Es scheint gegenwärtig in Frankreich folgende von Pardessus[3]) vertheidigte Ansicht allgemein angenommen zu sein. Der Trassant darf sich nicht selbst als Bezogenen bezeichnen, eben so wenig seinen Kommis oder seine mit ihm in Gütergemeinschaft lebende Ehefrau. Ein Papier, worin dies geschehen, gilt in so fern als ein bloßes billet à ordre, als es von dem, welchem eine Tratte versprochen ist, nicht genommen zu werden braucht. Gleichwohl aber kann sich der Trassant, wenn er diesem Verbote zuwider gehandelt, z. B. sich selbst als Bezogenen bezeichnet hat, nicht auf diese Unvollkommenheit des Papiers berufen, um sich seinen Verbindlichkeiten zu entziehen, oder um die Ansprüche des Inhabers zurückzuweisen[4]). Eine Tratte, welche auf den Kommissionär oder auf ein zweites in einer anderen Stadt gelegenes Handelshaus des Trassanten gezogen ist, gilt dagegen überhaupt nicht als auf sich selbst gezogen und ist daher eine vollkommene Tratte.

Wenn wir diese französische Theorie des trassirt-eigenen

---

1) S. darüber in Daniels Grundsätze des Wechselrechts 1827 Seite 138; Schiebe in seiner Uebersetzung von Pardessus Seite 314 nota 4 zu Nr. 335; Nougier traité des lettres de change art. 24; Liebe's Kommentar zur deutschen Wechselordnung, Leipzig 1848, Seite 58.

2) rejet 1er thermidor an 11. — Cassation 1er septembre 1807.

3) Nr. 335 in seinem c. d. d. c. und schon früher in seinem Traité du contrat et des lettres de change Tom. II, §. 462—464.

4) Für diesen Satz citirt Pardessus zwei Erkenntnisse des Kassationshofes: Cassation, 1er mai 1809. — Rejet, 14er mai 1828.

Wechsels in die in Deutschland übliche Rechtssprache übersetzen, so dürfte wohl Folgendes deren Inhalt sein: der trassirt-eigene Wechsel steht der Tratte völlig gleich, sofern es sich um Rechte und Pflichten aus dem Wechsel handelt. Sofern es sich dagegen um Pflichten und Rechte aus dem Wechselschlusse (pactum de cambiando) handelt, ist derselbe abgesehen von der wirklichen Existenz eines zweiten Etablissements, auf welches er gezogen ist, nicht als Tratte, sondern als billet à domicile anzusehen. Denn es hat derjenige, welcher eine Tratte zu liefern verpflichtet ist, nur dann seine Pflicht erfüllt, wenn das Papier sich als ein solches darstellt, bei welchem der Trassat ein vermögensrechtlich selbstständiges vom Trassanten verschiedenes Individuum wirklich ist.

§. 4. Ansichten älterer deutscher Rechtslehrer über den trassirt-eigenen Wechsel.

Wo ältere deutsche Theoretiker hier und da von eigen-trassirten Wechseln reden, verstehen sie darunter keineswegs das, was oben als trassirt-eigener Wechsel definirt worden ist. Sie verstehen vielmehr darunter solche Wechsel, welche nach den oben zu Grunde gelegten Definitionen domicilirt-eigene Distance-Wechsel genannt werden müßten. Auf diese allein bezieht sich denn auch die bei ältern Schriftstellern berührte Kontroverse, ob die Eintheilung der trassirten Wechsel in eigen-trassirte und fremdtrassirte eine richtige sei. In diesem Sinne erklärt namentlich Bender in seinem Wechselrechte (Grundsätze des deutschen Wechselrechts 1828) §. 273 nota a und §. 383 Nr. 1 diese Eintheilung entschieden für falsch und verwirrend. Der eigen-trassirte Wechsel sei und bleibe immer ein eigener. Er beruft sich hiefür auf Grattenauer (Beiträge zum Wechselrecht Bd. I S. 38) und die von diesem angeführten Autoritäten gegenüber von Scherer (Handbuch des Wechselrechts Bd. III S. 224), welcher dieser Eintheilung das Wort geredet habe. Ganz auf demselben Standpunkte steht auch Schiebe in seiner Lehre von den Wechselbriefen (3. Aufl. 1844). Eigentrassirter und domicilirter eigener Wechsel sind, wie aus §. 193 und den Formularen Nr. 30 und 31 hervorgeht, für ihn bloß verschiedene Ausdrücke für ein und dieselbe Sache, für die französischen billets à domicile. Von Schiebe ist es um so auffallender, daß er das, was wir durch den Ausdruck: trassirt-eigener Wechsel bezeichnet haben, in seiner Lehre von den Wechselbriefen gar nicht erwähnt, als er in seiner Uebersetzung von Pardessus in einer Note gerade zu der Stelle, wo dieser davon handelt, auf sein Lehrbuch hinweist. Die ersten deutschen Rechtslehrer, von welchen die Sache, die wir den trassirt-eigenen Wechsel genannt haben, besprochen worden ist, sind: Sonnleithner (Lehrbuch des österreichischen Handels- und Wechselrechts. Wien 1820) und Daniels (Grundsätze des Wechselrechts 1827). Der letztere sagt §. 30: „Sind sie (die Kaufleute) einmal in Geldverlegenheit, ohne einen Dritten zu kennen, auf den sie trassiren könnten, oder scheuen sie die mit einer solchen Operation immer verbundenen Kosten; so ziehen sie lieber, obschon sie versichert sind, damit niemanden täuschen zu können, auf sich selbst, geben dem Wechsel die äußere Form einer Tratte, und versprechen ihn an einem dritten Orte und an dem dort gewählten Domicil zu zahlen." Von diesen Wechseln, die nach obiger Definition allerdings trassirt-eigene Wechsel sein würden, sagt er dann: „Sie sind und bleiben gleichwohl trockene Wechsel oder billets à ordre, wenn auch der Aussteller sich selbst ersucht, die darin ausgedrückte Summe zu zahlen, und der Wechsel seiner äußeren Form nach sich einzig dadurch von der wirklichen Tratte unterscheidet, daß der Trassant mit dem Trassaten nur eine Person ist." Der erstgenannte Schriftsteller hält sich bei Behandlung dieser Sache an die Begriffe, welche von der jetzt antiquirten österreichischen Wechselordnung vom 1. Oktbr. 1763 aufgestellt worden sind. Diese Wechselordnung unterscheidet zunächst zwischen Distance-Wechseln, die sie förmliche, und Platz-Wechseln, die sie unförmliche nennt. Die erstern theilt dieselbe wieder ein in eigene und trassirte. In den Rechtsfolgen besteht nach dieser Wechselordnung ein sehr bedeutender Gegensatz zwischen förmlichen und unförmlichen, ein weit geringerer Gegensatz aber zwischen den förmlich-eigenen und den förmlich-gezogenen Wechseln. Sonnleithner behauptet nun, daß ein Wechsel nur dann als ein förmlich-eigener Wechsel zu behandeln sei, wenn ihm nicht die Form eines trockenen, sondern vielmehr die eines förmlichen Wechsels gegeben sei. Hiemit kann derselbe nach dem ganzen Zusammenhange nur sagen wollen, daß die Form eines Zahlungsversprechens nicht hinreiche, um einem Distance-Wechsel die Eigenschaft eines förmlich-eigenen Wechsels im Sinne der Wechselordnung zu verschaffen, daß hiezu vielmehr die Form eines Zahlungsbefehles an sich selbst erforderlich sei. Sonnleithner schreibt demnach nur solchen Distance-Wechseln, welche nach obiger Definition unter den Begriff der trassirt-eigenen Wechsel fallen würden, nicht aber solchen, welche nach obiger Definition domicilirte Eigenwechsel sein würden, die Wirkungen der förmlichen Wechsel im Sinne der österreichischen Wechselordnung zu. Schließlich bemerkt derselbe noch, daß der Inhaber eines solchen förmlich eigenen Wechsels, den er hier: förmlich eigene Tratte nennt, zwar nicht nöthig habe, zur Acceptation zu präsentiren und zu protestiren, um sich den Regreß gegen den Trassanten vorzubehalten, daß derselbe aber allerdings berechtigt sei, zur Acceptation zu präsentiren, und bei Verweigerung der Annahme sowohl als der Zahlung pünktlich den Protest laviren zu lassen, und mit demselben in der Hand die Sicherstellung oder Zahlung zu fordern. Indessen scheint diese Ansicht Sonnleithner's in Oesterreich wenig Beifall gefunden zu haben; wenigstens sagt Treitschke im Band II der Encyklopädie von 1832 sub voce Tratte §. 6, mit Bezugnahme auf Wagner §. 36, daß in Oesterreich eigene Tratten eben so wohl, als die domicilirten eigenen Wechsel unter den Begriff der förmlich-eigenen Wechsel fallen, wenn sie Distance-Wechsel, d. h. an einem vom Ausstellungsorte verschiedenen Orte zahlbar sind.

Zu erwähnen ist hier noch die eigene Ansicht von Treitschke über den trassirt-eigenen Wechsel, den derselbe in dem eben citirten Werke §. 6 unter dem Namen „Eigene Tratte" kennt und vom Standpunkte einer allgemeinen Wechselrechtstheorie aus, freilich nur höchst fragmentarisch, bespricht. Ueber die Veranlassung zur Ausstellung trassirt-eigener Wechsel scheint Treitschke eine wesentlich andere Meinung zu haben, als Daniels. Treitschke sagt nämlich: „Daß eine Verbindlichkeit zur unbedingten Selbstzahlung nach Wechselrecht in Form einer Tratte übernommen wird, kommt nur dann vor, wenn der Aussteller zur Zahlungszeit selbst an dem Zahlorte zu sein sich vornimmt, oder an jenem Orte eine Commandite hat, deren Geschäftsführer er die Acceptation unter eigener Verbindlichkeit nicht zumuthen will." Auch was die Rechtsfolgen des trassirt-eigenen Wechsels anbetrifft, stimmt er mit der Theorie Daniels nicht überein. Es sei nämlich zwar bei dem trassirt-eigenen Wechsel, nicht aber bei dem domicilirten eigenen Wechsel vom Inhaber dasselbe hinsichtlich der Diligenzen: Versendung, Präsentation zur Annahme, Präsentation zur Zahlung u. s. w. zu beobachten, wie bei anderen Tratten. In allen anderen Dingen dagegen, namentlich in Beziehung auf die Verjährung seien sie als eigene Wechsel zu behandeln.

§. 5. Frühere legislative Bestimmungen über den trassirt-eigenen Wechsel.

Von Treitschke werden bei Gelegenheit des erwähnten Artikels: „Eigene Tratten", überhaupt nur zwei Gesetze angeführt. Das erste von beiden, der §. 2 des spanischen Gesetzes von 1608, handelt aber gar nicht von trassirt-eigenen Wechseln, sondern enthält nur ein allgemeines Verbot der trockenen Wechsel, und die Erklärung, daß diesem Verbote auch dann zuwider gehandelt sei, wenn „die, welche Geld auf Wechsel nehmen, kein Geld, keinen Kredit und keinen eigenen Korrespondenten, an den Plätzen und Orten außerhalb dieser Königreiche haben, auf welche sie solches nehmen." Es kann nicht einmal zugegeben werden, was Treitschke anzunehmen scheint, daß durch dieses Gesetz die trassirt-eigenen Wechsel indirekt für eine besondere Art trockener Wechsel in Trattenform erklärt und als solche schlechthin verboten worden seien, da sich sehr wohl Fälle eines trassirt-eigenen Wechsels denken lassen, wo die Voraussetzungen dieses Verbotes nicht zutreffen. Das zweite von Treitschke angeführte Gesetz, der §. 2 der dänischen Wechselordnung vom 18. Mai 1825, kennt allerdings schon den trassirt-eigenen Wechsel und kann wenigstens als Zeugniß dafür dienen, daß dergleichen Wechsel schon damals in Dänemark in Gebrauch gewesen sind. Das Gesetz nimmt an, daß diese Form angewendet werde, um die für einfache Darlehnsschuldscheine vorgeschriebene Stempelsteuer zu defraudiren, und bestimmt demgemäß, wie folgt: „Kein Inländer darf auf sich selbst ziehen, wenn er auch den Wechsel auf eine andere Stadt dieses Reichs, als wo er seinen Wohnsitz hat, ausstellen wollte. Handelt er hierwider, so ist der Wechsel zu der für Schuldscheine, die auf Papier erster Klasse geschrieben werden müssen, bestimmten Taxe zu stempeln, und das Erforderliche nach der Verordnung wegen des Stempelpapiers vom 25. Mai 1804 §. 27 zu verfügen."

Weit ältere gesetzliche Bestimmungen über den trassirt-eigenen

Wechsel finden sich in den drei Wechselordnungen, welche in einzelnen Kantonen der deutschen Schweiz erlassen wurden, und noch heutzutage daselbst Geltung haben. Es sind: 1) die erneuerte und vermehrte Wechselordnung der Stadt St. Gallen vom 18. Brachmonat 1784; 2) Gesetz, betreffend eine Wechselordnung 2c. für den Kanton Zürich, vom 16. Mai 1805; 3) Wechselordnung für die Stadt Basel vom 14. Christmonat 1808 [1]).

Ad 1. Die Hauptstellen in dem ersten dieser Gesetze, welche von dem trassirt-eigenen Wechsel handeln, sind die §§. 10 und 11 in tit. III. Sie lauten: „§. 10. Eigene Wechselbriefe, die nämlich der Schuldner seinem Gläubiger auf sich selbst ausstellt, und womit er die empfangene Summe wieder zu bezahlen sich anheischig macht, bedürfen der Acceptation nicht, sondern sind ohne diese zur Verfallzeit der Exekution unterworfen, angesehen des Schuldners Unterschrift so gut als seine Acceptation zu halten ist. §. 11. Trassirt ein Auswärtiger auf sich selbst in hier zahlbar, es sei mit oder ohne Domicilium, so ist er, im Fall er sich hier befindet, schuldig, auf Begehren den von ihm oder seiner Ragion ausgestellten Wechselbrief, obschon er beides, Aussteller und Bezogener zugleich ist, zu acceptiren. Ein Domicilant [2]) aber ist zur Acceptation nicht gehalten, sondern der Wechselbrief muß nur bei verweigerter Bezahlung zur Verfallzeit protestirt werden." Sowohl unmittelbar aus diesen beiden Paragraphen, wie aus weiteren Stellen in dieser Wechselordnung, so namentlich §. 7 des tit. V, wo vom Requisitionsproteste wegen Nichtauffindung des Trassanten

---

1) S. über diese 3 Wechselordnungen: Pestaluz Abhandlung über das Zürcherische Wechselrecht. Zürich 1827. Dieser bemerkt, daß die 1te aus der Augsburger Wechselordnung hervorgegangen sei, und die 2te der 1ten, die 3te der 2ten nachgebildet sei. Inhalt und Form dieser Wechselordnungen lassen indessen weiter nichts schließen, als daß die 3te der 2ten nachgebildet ist. Zwischen der St. Galler Wechselordnung und der Augsburger Wechselordnung findet sich wenigstens weder in Inhalt noch in Form irgend eine bemerkbare Uebereinstimmung, die sich nicht schon durch die Gleichheit des Gegenstandes erklären ließe. Dieselbe Behauptung über die Entstehung dieser 3 Wechselordnungen findet sich jedoch auch bei: Dedekind Abriß einer Geschichte 2c. 1843. Seite 82. Diese 3 Wechselordnungen sind übrigens noch bis zur Stunde die einzigen Wechselgesetze, die überhaupt in Kantonen der deutschen Schweiz zu Stande gekommen sind. In den übrigen Kantonen der deutschen Schweiz, mit Ausnahme von Solothurn. wo nach Dedekind die Baseler Wechselordnung befolgt werden soll, gilt überhaupt, soviel wir in Erfahrung bringen konnten, gar kein geschriebenes Wechselrecht.

2) Dies soll offenbar das bedeuten, was man heutzutage Domiciliat nennt.

in St. Gallen, wohin ein Fremder auf sich selbst gezogen hat, gehandelt wird, geht zunächst soviel hervor, daß gerade diejenigen Wechsel, welche nach der oben zu Grunde gelegten Definition trassirt-eigene zu nennen sind, schon im vorigen Jahrhundert in St. Gallen vielfach in Gebrauch gewesen sein müssen. Aber nicht bloß die Sache, sondern auch ein besonderer Name für dieselbe ist dieser St. Galler Wechselordnung bekannt gewesen, wie aus §. 4 des tit. V und §. 4 des tit. VII hervorgeht, wo offenbar die Wechsel, die wir oben als trassirt-eigene definirt haben, mit dem gleichbedeutenden Ausdruck „eigene Tratten" bezeichnet werden. Das eigenthümliche Entscheidungsprincip für die Frage über die trassirt-eigenen Wechsel, welches in dieser St. Galler Wechselordnung gesetzlich festgestellt ist, scheint folgendes zu sein: Der trassirt-eigene Wechsel ist im Allgemeinen als eigener Wechselbrief und nicht als Tratte zu behandeln, was jedoch keine andere Bedeutung hat, als daß alle die Rechtsfolgen der Tratte, welche mit der Acceptabilität zusammenhängen, wegfallen, und daß dabei nach tit. IX eine besondere einjährige Verjährung der Wechselklage gegen den Aussteller Platz greift. In allen übrigen Stücken scheint nämlich die St. Galler Wechselordnung keinerlei Unterschied der Rechtsfolgen zwischen der Ausstellung eines eigenen Wechsels und einer Tratte anzuerkennen. Dagegen soll der trassirt-eigene Wechsel dann, wenn er von einem fremden Orte her auf St. Gallen gezogen ist, nur hinsichtlich der erwähnten einjährigen Verjährung als eigener Wechsel, in allen übrigen Stücken aber, und zwar namentlich in Betreff der Acceptabilität, vollständig als Tratte behandelt werden.

Ad 2 und 3. Sowohl die Züricher, als auch die Baseler Wechselordnung enthalten folgende völlig gleichlautende Bestimmung über eigene Wechsel überhaupt und trassirt-eigene Wechsel insbesondere: „Wechselbriefe auf sich selbst, oder Billets bedürfen keiner Acceptation, da die Unterschrift des Schuldners für so gut, wie die Acceptation selbst zu halten ist, es wäre denn, daß ein Haus unter nämlicher Ragion zugleich auf einem andern Platze existiren würde; in diesem Falle kann bei demjenigen Haus, welches die Bezahlung leisten soll, die Acceptation gefordert werden." Hiedurch ist denn sehr bestimmt ausgesprochen, daß die trassirt-eigenen Wechsel schlechthin als eigene Wechsel zu behandeln seien, und daß hievon nur der Fall auszunehmen sei, wenn wirklich zwei verschiedene Etablissements gleicher Bezeichnung an verschiedenen Plätzen existiren, und von dem einen auf das andere gezogen worden ist. Indessen ist in beiden Wechselordnungen, abgesehen von der Acceptabilität und dem was mit ihr zusammenhängt, durchaus kein Unterschied in den Rechtsfolgen zwischen der Ausstellung eines eigenen Wechsels und der einer Tratte angeordnet. Ja, die Baseler Wechselordnung sagt sogar ausdrücklich im §. 52, daß an Ordre gestellte Billets, in Ansehung des Rechtsbetriebes und des Rembourses, den Wechselbriefen gleich zu halten seien, was sich nach der Züricher Wechselordnung von selbst zu verstehen scheint.

§. 6. Die neusten Ansichten deutscher Rechtslehrer über den trassirt-eigenen Wechsel.

In der neusten Zeit, bei Gelegenheit der Berathungen über die Abfassung der deutschen Wechselordnung, haben Thöl und Einert, die beiden bedeutendsten deutschen Wechselrechtslehrer, ihre Ansichten über den trassirt-eigenen Wechsel vom Standpunkte einer allgemeinen Wechselrechtstheorie aus geäußert. Einert, welchem bei Abfassung seines Hauptwerkes (Das Wechselrecht nach dem Bedürfnisse des Wechselgeschäfts im 19. Jahrhundert. 1839) der trassirt-eigene Wechsel unbekannt war, oder doch keiner Betrachtung würdig erschien, hat sich zuerst über denselben in seinem Entwurfe für eine Wechselordnung für das Königreich Sachsen (Dresden und Leipzig 1841) ausgesprochen. Die daselbst ausgesprochene Ansicht vertheidigte derselbe sodann in der 24. Sitzung der Leipziger Konferenz vom 22. November 1847 und verlangte, daß dieselbe als Grundlage der gesetzlichen Bestimmungen der allgemeinen deutschen Wechselordnung recipirt werden sollte. „Nach seiner Ansicht," — wir gebrauchen hiebei die Worte des Protokolls — „sollte jeder in der Form der Tratte von dem Aussteller auf sich selbst gezogene Wechsel, wenn die Identität der Person des Ausstellers mit der des Bezogenen mit Evidenz sich ergebe, als eigener Wechsel, anderen Falls aber als Tratte behandelt werden, und zugleich gegen den Aussteller als eigener Wechsel geltend zu machen sein." Thöl trat im §. 275 des 2. Bandes des Handelsrechts, welcher unmittelbar nach dem Schlusse der Wechselkonferenz im Jahre 1847 erschien, mit einer Theorie hervor, die derselbe ebenfalls schon in der Konferenz als Grundlage legislativer Entscheidung empfohlen zu haben scheint [1]). Hienach ist zu unterscheiden, ob in dem trassirt-eigenen Wechsel die Identität zwischen Trassant und Trassat ersichtlich oder nicht ersichtlich ist. Im ersteren Falle sei der trassirt-eigene Wechsel durchweg als Eigenwechsel, im letzteren Falle durchweg als Tratte zu behandeln. Namentlich sei daher eine Tratte, welche als Trassanten und Trassaten dieselbe Person habe, aber nicht ausweise, durchweg als eine Tratte zu behandeln. Es scheint demnach zwischen dieser Thöl'schen und jener Einert'schen Theorie des trassirt- eigenen Wechsels zunächst in sofern Uebereinstimmung statt zu finden, als beide zwei Klassen trassirt-eigener Wechsel unterscheiden: 1) diejenigen, bei welchen bloß durch die gleiche Bezeichnung des Trassanten und Trassaten auf deren Personenidentität hingewiesen ist, und 2) solche, bei denen dies auf irgend eine andere, völlig unzweideutige Weise, z. B. die Adresse: „auf mich selbst", geschehen ist. In der rechtlichen Auffassung der letzten Klasse stimmen dann beide Theorien ebenfalls vollkommen überein; die trassirt-eigenen Wechsel dieser Klasse sind nach beiden Theorien Eigenwechsel und zwar nur Eigenwechsel. Was die erste Klasse anbetrifft, so kommen beide Theorien zwar darin überein, daß diese trassirt-eigenen Wechsel überhaupt als Tratten zu behandeln seien; aber nach Thöl'scher Theorie sind sie nur als Tratten, nach Einert'scher Theorie sind sie dem Aussteller gegenüber zugleich auch als eigene Wechsel geltend zu machen.

---

1) In den Protokollen der Leipziger Konferenz, Seite 74 Spalte rechts der Mannheimer Ausgabe, ist sehr kurz auf eine „andere Ansicht" eines ungenannten Mitgliedes hingewiesen, welche mit der von Thöl kurz nachher in seinem Handelsrechte aufgestellten übereinstimmt, sodaß wohl die Vermuthung begründet erscheint, das nicht genannte Mitglied sei Thöl selbst gewesen.

Zweites Kapitel.

Begriff des trassirt-eigenen Wechsels im Sinne der deutschen Wechselordnung.

§. 1. Einleitung.

Ueber den Begriff des trassirt-eigenen Wechsels vom Standpunkte einer allgemeinen Wechselrechtstheorie scheint bei der Berathung der deutschen Wechselordnung kein Zweifel obgewaltet zu haben. Man verstand darunter genau das, was wir oben als trassirt-eigenen Wechsel definirt haben, d. h. diejenigen Wechsel, welche in der Form einer Zahlungsanweisung oder eines Zahlungsbefehls abgefaßt sind, und auch sonst allen Erfordernissen der Tratte entsprechen, aber direkt oder doch indirekt, nämlich durch völlig gleiche Bezeichnung des Trassanten und Trassaten auf Identität dieser Personen hinweisen. Auch darüber herrschte Einverständniß, daß diese Form von Wechseln vielfach im Geschäftsleben angewendet werde, und daher ein Ausspruch der Versammlung über deren rechtliche Natur nicht wohl umgangen werden könne. Der preußische Entwurf hatte unter allen den Wechseln, welche nach dem allgemein angenommenen Begriffe trassirt-eigene sind, nur eine bestimmte Klasse, nämlich diejenigen, bei welchen Ortsverschiedenheit zwischen Zahlungs- und Ausstellungsort ausgedrückt ist, hervorgehoben, auf diese den legalen Begriff des trassirt-eigenen Wechsels beschränkt, und bestimmt, daß alle diese legalen trassirt-eigenen Wechsel als Tratten und zwar nur als Tratten zu behandeln seien. Ob man diesen Ausspruch des Entwurfs bestehen lassen wolle, oder nicht, darüber herrschte unter den Konferenzmitgliedern die allergrößte Meinungsverschiedenheit. Zuerst wurde in der 5. Sitzung mit 10 gegen 8 Stimmen beschlossen, daß man die legale Beschränkung des Begriffs des trassirt-eigenen Wechsels auf den Fall der Ortsverschiedenheit zwischen Zahlort und Ausstellungsort fallen lassen wolle. Später kam man in der 24. Sitzung, nachdem die mannigfachsten Gründe für und gegen geltend gemacht worden waren, schließlich durch die Majorität von einer einzigen Stimme, von 10 gegen 9, zu dem Beschlusse, daß diese Beschränkung bestehen bleiben solle. Diese scheinbare Inkonsequenz erklärt sich auf folgende Weise. Bei der ersten Beschlußfassung über die legale Beschränkung des Begriffs des trassirt-eigenen Wechsels war die Möglichkeit in Aussicht gestellt, daß die Wechselordnung den trassirt-eigenen Wechsel für einen eigenen Wechsel erklären werde. Es konnten daher sowohl diejenigen für die Weglassung jener Beschränkung stimmen, welche es für richtig hielten, daß der trassirt-eigene Wechsel, gleichviel ob er Distance- oder Platz-Wechsel sei, für einen eigenen Wechsel erklärt werden müsse, als auch diejenigen, welche umgekehrt jede Art von trassirt-eigenem Wechsel für eine Tratte erklärt wissen wollten. Bei der zweiten Berathung in der 24. Sitzung wurde dagegen zuerst festgestellt, daß der trassirt-eigene Wechsel, soweit er überhaupt als legal anerkannt werden würde, als Tratte zu behandeln sei. Hier mußten daher diejenigen, welche dies für unrichtig hielten, denen beitreten, welche für die Beschränkung waren, um einer Bestimmung, die ihrer Ansicht nach principiell unrichtig war, wenigstens einen möglichst geringen Umfang der Anwendbarkeit zu gestatten. So kam denn, obgleich die Majorität gegen die Beschränkung des Begriffs des trassirt-eigenen Wechsels war, dennoch die pos. 2 art. 6 zu Stande, wodurch ganz so, wie in pos. 2 art. 5 des preußischen Entwurfs, bestimmt wurde, daß überhaupt nur die trassirt-eigenen Distance-Wechsel unter den legalen Begriff des trassirt-eigenen Wechsels fallen sollten, daß aber dieser legale trassirt-eigene Wechsel als Tratte und zwar nur als Tratte zu betrachten sei. Somit wurde denn durch die Wechselordnung eine von allen bisherigen Theorien des trassirt-eigenen Wechsels, namentlich aber von den durch Einert und Thöl aufgestellten, wesentlich abweichende Theorie gesetzlich sanctionirt.

§. 2. Die Voraussetzungen des legalen trassirt-eigenen Wechsels im Allgemeinen.

Was außer dem durch die pos. 2 art. 6 ausdrücklich hervorgehobenen Erfordernisse der Verschiedenheit zwischen Zahlungs- und Ausstellungsort noch erforderlich ist, damit ein Wechsel unter den Begriff des trassirt-eigenen Wechsels im Sinne der deutschen Wechselordnung falle, und folgeweise als Tratte und zwar nur als Tratte behandelt werden müsse, darüber kann nicht leicht ein Zweifel aufkommen. Es sind alle diese sonstigen Erfordernisse schon durch den allgemeinen Begriff des trassirt-eigenen Wechsels von selbst gegeben. Es gehören demnach zum Begriffe des legalen trassirt-eigenen Wechsels, d. h. desjenigen, welchen die deutsche Wechselordnung für einen Wechsel, bei welchem alle und nur die Rechtsfolgen der Tratte Platz greifen sollen, erklärt, folgende vier Voraussetzungen oder Erfordernisse.

1) Es muß das Papier in die äußere Form des Zahlungsbefehls oder der Zahlungsanweisung eingekleidet sein; es darf nicht die äußere Form eines Zahlungsversprechens an sich tragen.

2) Es muß das Papier allen sonst noch etwa für die Tratte vorgeschriebenen Erfordernissen, folglich allen den Erfordernissen, wie sie der art. 4 der deutschen Wechselordnung bestimmt, entsprechen.

3) Es muß das Papier direkt oder indirekt, d. h. mindestens durch völlig gleiche Bezeichnung des Trassanten und Trassaten auf Identität zwischen diesen beiden Personen hindeuten.

4) Es muß das Papier ein Distance-Wechsel sein, es muß Ortsverschiedenheit zwischen Zahlungs- und Ausstellungsort vorhanden sein.

Was nun zunächst das erste Erforderniß anbetrifft, so ergiebt sich dasselbe, wie auch die Erfordernisse 2 und 3 schon aus dem allgemeinen Begriffe des trassirt-eigenen Wechsels. Daß in dieser Richtung die Wechselordnung wirklich von diesem allgemeinen Begriffe, wie er von uns oben aufgestellt wurde, ausgegangen ist, ergiebt sich aber auch indirekt aus der Wechselordnung selbst, nämlich aus den Bestimmungen derselben über den domicilirten Eigenwechsel. Unzweifelhaft ist es, daß der legale trassirt-eigene Wechsel als Tratte behandelt werden soll; unzweifelhaft ist es ferner, daß der domicilirt eigene Wechsel, abgesehen von den einzelnen Modifikationen im art. 99, als Eigenwechsel und nicht als Tratte behandelt werden soll. Eine Vergleichung des art. 4, worin die Erfordernisse der Tratte, und des art. 96, worin die Erfordernisse des Eigenwechsels aufgestellt sind, ergiebt ebenso unzweifelhaft, daß zwischen dem legalen trassirt-eigenen Wechsel und dem legalen domicilirt-eigenen Wechsel schlechterdings gar kein formelles Unterscheidungsmerkmal sein würde, wenn man von demjenigen, welches durch die allgemeinen Begriffe dieser Formen gegeben ist, nämlich davon abstrahiren wollte, daß bei dem trassirt-eigenen Wechsel die äußere Form des Befehls oder der Anweisung, bei dem domicilirt-eigenen die des Versprechens gebraucht sein müsse. Wenn daher ein Papier allen Erfordernissen des legalen trassirt-eigenen Wechsels, wie sie unter 2, 3 und 4 aufgestellt sind, entspräche, aber in die Form eines Versprechens eingekleidet wäre, z. B.

„Gegen diesen Wechsel verspreche ich, drei Tage nach Sicht, in Hamburg die Summe von 100 Mark Banco an die Ordre des Herrn Heinrich Müller zu bezahlen.

Bremen, den 12. Oktober 1852.

Heinrich Schulze."

„An Heinrich Schulze
in Hamburg."

so würde ein solches Papier ganz sicher kein legaler trassirt-eigener Wechsel, sondern vielmehr ein legaler domicilirt-eigener Wechsel sein. — Daß übrigens wirklich im Verkehre nicht selten einem domicilirt-eigenen Wechsel, der eben dies und nichts anderes sein soll, namentlich kein als Tratte zu behandelnder trassirt-eigener Wechsel, eine Adresse beigefügt wird, darüber vergleiche man Thöl §. 277 Nr. 3 und nota 2, sowie die Formulare des billet à domicile bei Schiebe, Lehre von den Wechselbriefen, 3. Aufl. 1844, Nr. 30 u. 31. Freilich lautet diese Adresse meist direkt auf sich selbst: „an mich selbst und angenommen". Jedenfalls aber steht soviel fest, daß im Verkehre Papiere vorkommen, die in allen Stücken dem legalen trassirt-eigenen Wechsel der deutschen Wechselordnung entsprechen und sich einzig und allein nur dadurch als domicilirt-eigene Wechsel charakterisiren, daß das ganze Papier in die Form des Versprechens eingekleidet ist.

Was das sub 2 angegebene Erforderniß anbetrifft, so bedarf dasselbe keiner weiteren Erläuterung. Fehlt es an einem der in art. 4 angegebenen Erfordernisse der Trattenform überhaupt, z. B. an der Angabe der Summe 2c., so ist das Papier überhaupt keine Tratte, folglich auch kein trassirt-eigener Wechsel.

In Betreff des Erfordernisses unter 3 hat sich die pos. 2 art. 6 so deutlich ausgedrückt, daß darüber kein Zweifel entstehen kann. Es heißt wörtlich: „Desgleichen kann der Aussteller sich selbst als Bezogenen bezeichnen". Es sind demnach ganz sicher auch diejenigen Papiere, welche Thöl, weil sie „ersichtlich" und Einert, weil sie „evident" auf Personenidentität zwischen Trassanten und Trassaten hinweisen, als eigene Wechsel und zwar **nur** als **eigene** Wechsel behandelt wissen wollten, wenn sie sonst den Erfordernissen des legalen trassirt-eigenen Wechsels entsprechen, als solche zulässig und folglich als Tratten zu behandeln. Es ist demnach ebensowohl die Adresse „an mich selbst", als auch die Adresse, welche die Bezeichnung des Ausstellers wiederholt, den Erfordernissen des legalen trassirt-eigenen Wechsels vollkommen entsprechend. Es ist jede Unterscheidung, wie sie **Thöl** und **Einert** verlangten, für den Fall des legalen trassirt-eigenen Wechsels durch das Gesetz ausgeschlossen. Hieraus geht übrigens hervor, daß das Erforderniß Nr. 7 im art. 4 der Wechselordnung nicht **buchstäblich**, nicht etwa so zu verstehen ist, daß dieser **Name** (oder die **Firma**) des Trassaten, obgleich derselbe schon einmal im Wechsel ausgeschrieben ist, in der Adresse **noch einmal** vollständig **ausgeschrieben** sein müsse. Es verhält sich mit diesem Erfordernisse der Nr. 7 des art. 4 beim trassirt-eigenen Wechsel in Gemäßheit der pos. 2 des art. 6 ganz ebenso, wie mit dem Erfordernisse der Nr. 3 des art. 4 beim Wechsel an eigene Ordre in Gemäßheit der pos. 1 des art. 6. In beiden Fällen ist eine Wiederholung des Namens, der schon als Unterschrift des Ausstellers auf dem Papiere figurirt, nicht **nothwendig**, beim Wechsel an eigene Ordre **bekanntlich** auch nicht einmal **üblich**.

Was endlich das 4. Erforderniß, das der s. g. distantia loci anbetrifft, so ist der Sinn und die eigentliche Bedeutung desselben, wie bereits im Eingange dieser Abhandlung erwähnt, im höchsten Grade bestritten, und es ist daher hierüber ausführlicher zu handeln.

§. 3. Das Erforderniß der distantia loci insbesondere.

Gerade die Dunkelheit und Zweideutigkeit des Begriffs der distantia loci, oder der Verschiedenheit des Ausstellungsortes vom Zahlungsorte war eins von den Motiven, dies Erforderniß, welches in der älteren Theorie, und ihr entsprechend, auch in vielen neueren Wechselordnungen für **alle** Tratten aufgestellt wurde, in der deutschen Wechselordnung als allgemeines Erforderniß der Tratten fallen zu lassen. Die Wechselordnung kennt im Allgemeinen keinen Unterschied zwischen Platz-Tratten und Distance-Tratten. Beim trassirt-eigenen Wechsel hat dagegen die Wechselordnung diesen Unterschied sanctionirt, indem sie die Eigenschaften, die sie dem trassirt-eigenen Wechsel beilegt, von der Voraussetzung der distantia loci abhängig macht. Wie vollkommen unzureichend die allgemeine Theorie über diesen Begriff ist, dafür ist gerade der Umstand ein schlagendes Zeugniß, daß alle Rechtslehrer, obgleich früher über dieses Erforderniß einverstanden, schließlich dasselbe gänzlich fallen ließen. Man vergleiche darüber Biener, Abhandlungen aus dem Gebiete der Rechtsgeschichte S. 67 ff.; sowie Thöl Bd. II, §. 163 und §. 277. Der letztere Schriftsteller resignirt vollständig auf die Möglichkeit vom Standpunkte einer allgemeinen Theorie den Begriff der distantia loci feststellen zu können, „weil", wie er sagt, „die Bestimmung, wann zwei verschiedene Orte als identisch gelten sollen, eine rein willkürliche ist".

Es muß daher der Begriff der distantia loci, soweit er für die Begriffsbestimmung des legalen trassirt-eigenen Wechsels wesentlich ist, aus der Wechselordnung selbst, und aus den Berathungen, die ihrer Abfassung vorangingen, versucht werden.

Zunächst dürfte die Eingangs erwähnte Ansicht von Einert zu mißbilligen sein, daß das Erforderniß der distantia loci beim trassirt-eigenen Wechsel überhaupt nicht formell zu verstehen sei, daß namentlich ein noch so entfernt vom Zahlungsorte ausgestellter trassirt-eigener Wechsel dann nicht als solcher im Sinne der Wechselordnung erscheine, wenn der Aussteller am Zahlort sein einziges Etablissement, oder sein einziges Domicilium habe. Es widerspricht diese Ansicht geradezu dem Geiste, in welchem die ganze Wechselordnung abgefaßt ist. Nirgends findet sich in der Wechselordnung auch nur die leiseste Andeutung, daß faktische Verhältnisse, welche dem Wechsel selbst völlig fremd sind, über welche der Wechsel selbst schlechterdings keine Auskunft zu geben im Stande ist, bei Beurtheilung der Rechtsfolgen aus dem Wechsel, bei Beurtheilung der wechselrechtlichen Klagen und Einreden irgend wie in Betracht gezogen werden dürfen. Der Umstand, daß der Aussteller am Zahlungsorte wohnt, oder dort sein Etablissement hat, am Ausstellungsorte aber nicht wohnt und auch daselbst kein zweites Etablissement hat, ist aber gerade ein solches faktisches Verhältniß, über welches der Wechsel keine Auskunft zu geben vermag, ein Verhältniß, welches dem Wechsel selbst völlig fremd ist. Es kann nur soviel zugegeben werden, daß jeder, welcher einen legalen trassirt-eigenen Wechsel, d. h. einen solchen, der nach den Bestimmungen der Wechselordnung als Tratte zu behandeln ist, ausstellt, sich damit als ein solcher gerirt, der an zwei verschiedenen Orten, nämlich eben sowohl am Zahlort, als auch am Ausstellungsorte entweder dauernde geschäftliche Mittelpunkte habe, oder doch so lange, bis das ganze Wechselgeschäft abgewickelt ist, an beiden Orten in Person, oder durch einen Stellvertreter vertreten, zu finden sei. Denn allerdings setzt die Acceptation und Zahlung, welche am Zahlorte zu suchen ist, den Trassanten als an diesem gegenwärtig oder repräsentirt voraus, während die Pflicht, Duplikate nachzuliefern, die betreffenden Notifikationen wegen Nichtacceptation ꝛc. in Empfang zu nehmen, den Regreßansprüchen Rede und Antwort zu stehen, die Anwesenheit desselben Trassanten am Ausstellungsort voraus setzt. Damit ist aber gewiß nicht gesagt, daß nun etwa deshalb, weil dies sich in der That nicht so verhält, weil in der That etwa der Trassant eines trassirt-eigenen Wechsels nur am Zahlungsorte zu finden ist, das Papier aufhöre, ein legaler trassirt-eigener Wechsel zu sein. Wenn daher in dem Beispiele, welches Einert in dem Eingangs erwähnten Aufsatze S. 403 anführt, Ignaz Sendig vierzehn Tage nach Verfall ohne rechtzeitig erhobenen Protest verklagt würde, so müßte derselbe keineswegs, wie Einert annimmt, ohne Widerrede zahlen; er würde vielmehr nur unter dem Gesichtspunkte der im §. 83 für dergleichen Fälle statuirten Bereicherungsklage zur Zahlung verurtheilt werden können. Daß ihm gegenüber, wenn er nicht acceptirt hat, und die Präsentation zur Zahlung am Verfalltage versäumt ist, bloß diese civilrechtliche Bereicherungsklage, nicht aber die wechselrechtliche Klage auf Zahlung der Wechselsumme begründet werden kann, hat übrigens nicht etwa bloß die Bedeutung, daß dabei der Wechselprozeß und die Personalexekution wegfalle; es kann dies vielmehr unter Umständen auch in materieller Beziehung von der größten Wichtigkeit sein. Man setze nur den Fall, daß der Wechsel, ehe er acceptirt war, oder das nicht acceptirte Exemplar, dem 1. Erwerber abhanden gekommen und nachmals in den Besitz eines vielleicht gutgläubigen Dritten gekommen ist. Hier wird dieser dritte Besitzer des abhanden gekommenen Wechsels, wenn er weder Accept erlangt, noch die Solennitäten bei Verfall gewahrt hat, und sicher wenigstens dann, wenn in Folge dessen der Ignaz Sendig dem Verlierer des Papiers die Valuta zurückerstattet hat, mit einer civilrechtlichen Bereicherungsklage nicht durchdringen können, während er mit einer wechselrechtlichen Klage, wie sie ihm Einert einräumt, ohne alle Widerrede Bezahlung des Wechsels fordern könnte.

§. 4. Fortsetzung.

Auf der anderen Seite dürfte aber Pöschmann's Ansicht, wonach schlechthin durch jede auch noch so geringe Entfernung zwischen Ausstellungs- und Zahlungs-Ort dem Erfordernisse der distantia loci für den legalen trassirt-eigenen Wechsel entsprochen sein würde, noch weniger Billigung verdienen. Jedenfalls läßt sich soviel mit Bestimmtheit nachweisen, daß diesem Erfordernisse dann nicht entsprochen ist, wenn die beiden Orte innerhalb ein und derselben Ortschaft, nämlich Dorf- oder Stadt-Gemeinde, gelegen sind. Allerdings dürfte hierfür das bereits oben schon erwähnte Präjudiz, welches Thöl Bd. II §. 163 nota 12 mittheilt, wonach das Erforderniß der distantia loci für alle Tratten nach französischem Wechselrechte in diesem Sinne ausgelegt worden ist, nur ein sehr wenig gewichtiges Argument sein. Schon weit größere Bedeutung dürfte dagegen dem Umstande beizulegen sein, daß aus Art. 56 und Art. 62 der Wechselordnung gewissermaßen auf eine Legaldefinition des Begriffs der distantia loci (d. h. eines vom Zahlungsorte getrennten Ortes) geschlossen werden kann, nach welcher alle innerhalb ein und desselben Gemeindegebietes (Stadt- oder Dorf-Gebietes) gelegenen Punkte als identisch, als nicht verschieden gedacht werden müssen. Es wird nämlich in diesen beiden Paragraphen der Ausdruck: „Zahlungsort" ganz unzweifelhaft in dem Sinne verstanden, daß dabei an die ganze Ortschaft, die Gemeinde (Stadt oder Dorf), innerhalb deren der räumliche Punkt liegt, an welchem die Zahlung zu suchen ist, nicht aber an diesen räumlichen Punkt selbst (Geschäftslokal, Wohnung des Trassaten) gedacht werden muß. In diesen beiden Paragraphen ist die Verpflichtung, bei Nothadressen die Acceptation resp. Zahlung nachzusuchen, von dem Umstande abhängig gemacht, daß diese Nothadressen auf den Zahlungsort, d. h. nicht auf einen vom Zahlungsort verschiedenen Ort, lauten. Hier kann es gar keinem Zweifel unterliegen, daß nur dann der Inhaber von der Verpflichtung, bei den Nothadressen zu präsentiren, entbunden sein soll, wenn die Geschäftslokale, eventuell Wohnungen der Nothadressaten, sich nach Angabe des Wechsels außerhalb des Stadt- oder Dorf-Gebietes befinden würden, in welchem das Geschäftslokal, eventuell die Wohnung des Trassaten wirklich oder nach Angabe des Wechsels gelegen ist, daß er dagegen nicht von dieser Pflicht entbunden sein soll, wenn nicht in diesem Sinne, sondern bloß im buchstäblichen Sinne eine Verschiedenheit zwischen den Orten, auf welche die Nothadressen lauten, und dem Orte, wo die Zahlung beim Trassaten zu suchen sein würde, im Wechsel ausgedrückt ist. Denn es würde offenbar absurd sein, wollte man annehmen, daß der Inhaber eines mit Nothadressen oder einem Ehrenaccepte versehenen Wechsels dann von der Pflicht, diese eventuellen Trassaten aufzusuchen, entbunden sein sollte, wenn ihm durch Bezeichnung der Hausnummern 2c., wo sie zu finden sind, das Geschäft ihrer Aufsuchung wesentlich erleichtert worden ist, während ihm diese Pflicht obliegen würde, wenn der Wechsel überhaupt nur die Stadt angiebt, innerhalb deren alle diese Personen, der Trassat und die eventuellen Trassaten, aufzusuchen sind. Es wird folglich in diesen beiden §§. der Wechselordnung der Begriff der distantia loci, d. h. eines vom Zahlungsort verschiedenen Ortes stillschweigend dahin definirt, daß alle die räumlichen Punkte, welche innerhalb derselben Ortschaft liegen, als identisch und nicht von einander getrennt gedacht werden müssen, wenn es sich um die Frage handelt, ob ein Ort ein vom Zahlungsorte verschiedener sei.

Ein drittes und zwar nach unserer Ansicht völlig schlagendes Argument dafür, daß dem Erfordernisse der distantia loci für den legalen trassirt-eigenen Wechsel jedenfalls dann nicht entsprochen ist, wenn Zahlungs- und Ausstellungsort innerhalb ein und derselben Ortschaft gelegen sind, hat Pöschmann selbst an die Hand gegeben, indem er darauf hinweist, daß die distantia loci beim trassirt eigenen Wechsel ganz in demselben Sinne zu verstehen sei, in welchem die Wechselordnung das „Domiciliren" beim domicilirten Wechsel versteht. Pöschmann sagt S. 195 in dem Eingangs citirten Aufsatze: „Den Begriff eines domicilirten Wechsels beschränkt aber die Wechselordnung art. 24 nicht auf eine Verschiedenheit der Stadt." Hieraus zieht er dann den Schluß, daß es folglich auch beim trassirt-eigenen Wechsel nicht darauf ankomme, ob Verschiedenheit der Städte ausgedrückt sei, wenn nur überhaupt in irgend einer Weise eine räumliche Verschiedenheit zwischen Zahlungs= und Ausstellungsort ausgedrückt sei. Nun läßt sich aber gerade sehr schlagend nachweisen, daß die Wechselordnung den legalen Begriff eines domicilirten Wechsels wenigstens in dem Sinne auf Verschiedenheit der Stadt beschränkt, daß eine Tratte, bei welcher als Wohnort des Bezogenen dieselbe Stadt, wie die, innerhalb deren die Zahlung zu suchen ist, angegeben ist, nicht als domicilirte Tratte gilt. Hieraus würde denn nach Pöschmann's eigener Argumentationsweise weiter zu schließen sein, daß auch ein Eigenwechsel, bei welchem der Ausstellungsort und Zahlort in ein und dieselbe Stadt fallen, kein legaler domicilirter Eigenwechsel ist, sowie endlich, daß eine auf sich selbst gezogene Tratte, bei welcher Ausstellungsort und Zahlort, obwohl räumlich getrennt angegeben, innerhalb ein und derselben Stadt sich befinden, auch kein legaler trassirt=eigener Wechsel sei.

§. 5. Fortsetzung.

Zunächst spricht schon der Wortlaut des §. 24 der Wechselordnung gegen Pöschmann und für die Auslegung, wonach Verschiedenheit der Stadt zum legalen Begriffe des Domicilwechsels wesentlich ist. Wohnort heißt nämlich nach gewöhnlichem Sprachgebrauche die ganze Stadt, das ganze Dorf, mit einem Worte, die ganze Ortschaft, innerhalb deren Jemand seinen dauernden Aufenthalt, seine Wohnung hat, keineswegs aber etwa das einzelne Haus oder gar die bestimmten Zimmer dieses Hauses, welche diese Wohnung ausmachen. Man sagt gewiß nicht leicht: Nr. 331 2ter Stock Zimmer rechts ist der Wohnort dieses oder jenes Menschen. Man sagt vielmehr: Sein Wohnort ist Berlin oder Wien ꝛc., dort hat er gegenwärtig seine Wohnung Nr. 331 2ter Stock Zimmer rechts. Wenn es daher im §. 24 heißt: „Ist in dem Wechsel ein vom Wohnorte des Bezogenen verschiedener Zahlungsort angegeben (Domicilwechsel) ꝛc.", so bedeutet dies nach gemeinem Sprachgebrauche: „Ist ein Zahlungsort angegeben, welcher außerhalb der Ortschaft (Stadt= oder Dorf=Gebiet) gelegen ist, innerhalb deren der Bezogene seine Wohnung hat." Es führt demnach schon eine ungezwungene grammatische Auslegung des §. 24 zu dem Resultate, daß der legale Begriff des Domicilirens eine Ortsverschiedenheit in dem

Sinne voraussetzt, daß alle räumlich getrennten Punkte (Häuser, Zimmer, Geschäftslokale) innerhalb ein und derselben Stadt als nicht verschiedene, als identische Orte gelten.

Diese Auslegung wird aber bestätigt und gegen jeden Zweifel gesichert, wenn man auf die Aussprüche, welche bei der Abfassung der Wechselordnung geäußert worden sind, die geeignete Rücksicht nimmt. Auf Seite 41 der Konferenzprotokolle in der Mannheimer Ausgabe heißt es: „Uebrigens wurde im Laufe der bisherigen Verhandlungen, und insonderheit bei der Erörterung des voran- geführten Englischen Rechtsfalles, von der Versammlung anerkannt, daß unter Domicilwechseln in den art. 25 und 41" (nämlich des pr. Entwurfes; ihnen entsprechen die art. 24 u. 43 der Wechselordnung) „nur solche zu verstehen seien, auf welchen der Aussteller einen vom Wohnort des Bezogenen verschiedenen Zahlort angegeben habe. Man erklärte demzufolge, daß das Hinzufügen eines Domicils vom Bezogenen den Wechsel nicht zu einem Domicilwechsel mache, daß dergleichen Zusätze beim Accepte vielmehr lediglich nach den über limitirte Accepte gegebenen Regeln zu beurtheilen seien, daß man es aber angemessen finde, die Benennung eines Domiciliaten am Zahlorte durch den acceptirenden Bezogenen für eine gültige und erlaubte Limitation des Accepts zu erklären und solches durch einen Zusatz zu §. 24" (in der deutschen Wechselordnung art. 22) „auszusprechen".

Auf Seite 61 in den Motiven zu dem preußischen Entwurfe, und zwar zu den hier in Rede stehenden §§. heißt es: „Daß es übrigens zulässig ist, auch bei nicht domicilirten Wechseln am Zahlorte selbst ein Domicil zu bezeichnen und daß nicht wegen einer solchen Bezeichnung Regreß Mangels Annahme genommen werden kann, wird nicht erst der besondern Bestimmung bedürfen." Gerade diese in den preußischen Motiven ausgesprochene Ansicht, wonach es sich ganz von selst versteht, daß die Benennung eines Domiciliaten am Zahlorte keine unstatthafte Limitation des Accepts sei, hat offenbar bei der schließlichen Redaktion der Wechselordnung die Oberhand behalten; denn es findet sich in der That kein solcher Zusatz, wie ihn die Konferenz beschlossen hatte, in dem betreffenden art. 22. Daß unter der Benennung eines „Domiciliaten am Zahlorte" oder der Bezeichnung eines „Domicils am Zahlorte" nicht etwa die Hinweisung auf eine vom Acceptanten verschiedene Person, die an demselben räumlichen Punkte (in demselben Geschäftslokale, derselben Wohnung), wie der Trassat selbst, aufzusuchen wäre, verstanden worden ist, kann wohl nicht bezweifelt werden. Es ist hiebei ganz offenbar an Identität der Ortschaft, der Stadt, im Gegensatz zur Verschiedenheit der Städte oder Ortschaften gedacht worden. Es hat daher jene letzte Ansicht bloß darin ihren Haltpunkt, daß man annimmt, es sei bereits durch die Definition des domicilirten Wechsels im art. 24 genügend zu erkennen gegeben, daß zum legalen Begriffe des Domicilirens, des Domicils und des Domiciliaten Verschiedenheit der Städte oder der Ortschaften wesentlich sei, d. h. daß die Hinweisung bloß auf ein anderes Lokal, oder eine andere Person in derselben Stadt, wo sich auch das Geschäftslokal oder die Wohnung des Trassaten befindet, oder befinden soll, damit in diesem anderen Lokale oder bei dieser anderen Person die Zahlung gesucht werden solle, gar keine Domicilirung des Wechsels im legalen Sinne des Wortes sei. Geht man nämlich hievon aus, so ist die von dem Acceptanten beim Accepte benannte Person, in deren Geschäftslokal oder Wohnung die Zahlung gesucht werden soll, wenn sich dieser räumlich abgegrenzte Punkt innerhalb derselben Stadt oder Ortschaft befindet, innerhalb deren auch das Geschäftslokal oder die Wohnung des Trassaten gelegen sein soll, gar kein „Domiciliat" im Sinne der Wechselordnung. Es ist demnach die pos. 2 des §. 43, wonach beim Domiciliaten präsentirt und protestirt werden muß, widrigenfalls auch gegen den Acceptanten der wechselmäßige Anspruch verloren geht, auf diesen Fall gar nicht anwendbar. Es wird demnach durch die Benennung einer solchen Person, oder wie es die Konferenzprotokolle ausdrücken, „eines Domiciliaten am Zahlorte", das Recht des Inhabers aus dem Accepte gar nicht beschränkt, und es versteht sich daher ganz von selbst, daß der Inhaber wegen einer solchen Benennung nicht Mangels Annahme Protest erheben und Regreß nehmen darf. Wenn dagegen der Acceptant bei einem seitens des Trassanten nicht domicilirten Wechsel einen Domiciliaten im legalen Sinne des Wortes, d. h. eine Person benennt, bei welcher die Zahlung außerhalb der Stadt oder Ortschaft, wo er selbst nach Angabe des Wechsels zu finden ist, gesucht werden soll, so wird hiedurch das Recht des Inhabers aus dem Accepte allerdings beschränkt. Der Acceptant giebt hiedurch klar und deutlich zu erkennen, daß er nicht als Acceptant eines nicht domicilirten

Wechsels, sondern als Acceptant eines domcilirten Wechsels mit benanntem Domiciliaten in Gemäßheit der pos. 2 art. 43 verhaftet sein wolle. Es ist dies daher ein beschränkter Accept, der gerade deshalb, weil der Acceptant laut art. 22 pos. 2 nur nach Maaßgabe der Einschränkung haftet, den Inhaber zum Proteste und Regresse Mangels Annahme berechtigt.

Wollte man dagegen mit Pöschmann annehmen, daß im art. 24 der Wechselordnung der Begriff des Domicils nicht auf Verschiedenheit der Stadt beschränkt sei, so würde die Wechselordnung selbst das Gegentheil von dem enthalten, was in der Konferenz zuerst allgemein als richtig und schließlich in Gemäßheit der preußischen Motive sogar als sich von selbst verstehend angesehen worden ist. Es würde dann jene Unterscheidung zwischen einer statthaften Benennung eines „Domiciliaten am Zahlorte", und der unstatthaften Domicilirung eines vom Trassanten nicht domicilirten Wechsels, wie sie von der Konferenz als richtig und angemessen, ja sogar als sich von selbst verstehend anerkannt worden ist, durch das Gesetz selbst reprobirt sein. Denn es würde dann schlechthin in jeder Benennung einer vom Acceptanten verschiedenen Person, bei welcher die Zahlung gesucht werden soll, die Bezeichnung eines vom Wohnorte des Bezogenen oder dem ursprünglichen Zahlorte (Geschäftslokal oder Wohnung des Trassaten) verschiedenen Zahlortes (Geschäftslokal oder Wohnung der benannten Person) enthalten sein. Man würde dann entweder jede in dieser Weise vom Acceptanten eines nicht domicilirten Wechsels benannte Person als „Domciliat" im Sinne der pos. 2 §. 43 betrachten müssen, oder auch nicht einmal diejenige, deren Geschäftslokal oder Wohnung in einer ganz anderen Stadt aufzusuchen wäre, weil ja die Verschiedenheit der Stadt bei vorhandener sonstiger Verschiedenheit der hier in Betracht kommenden räumlichen Punkte für die legalen Begriffe von Domicil, Domiciliren und „Domiciliat" gleichgültig sein würde.

§. 6. Schluß.

Somit dürfte denn aus der Wechselordnung selbst und den ihr vorausgegangenen Berathungen nachgewiesen sein, daß der Begriff der distantia loci, wo ihm überhaupt rechtliche Bedeutung zukommt (§. 6 pos. 2 §. 24 §. 43 §. 56 §. 62 §. 99), dahin gesetzlich bestimmt ist, daß das Gebiet einer Stadt, oder einer noch kleineren Gemeinde, eines Fleckens oder Dorfes, gleichsam als räumliche Einheit zu betrachten ist, daß alle in dieser Raumeinheit gelegenen Punkte (Häuser, Etagen, Geschäftslokale, Wohnungen) für identisch, alle in verschiedenen Raumeinheiten dieser Art gelegenen Punkte für verschieden gelten. Von einem durch die allgemeine Wechselrechtstheorie gegebenen Grunde dafür, daß dieser Begriff gerade in dieser und keiner anderen Weise gefaßt werden müsse, kann allerdings, wie Thöl an dem breits angeführten Orte Bd. II §. 163 und §. 277 treffend bemerkt, nicht die Rede sein. Auch finden sich in den der Abfassung der Wechselordnung vorausgegangenen Berathungen keine bestimmten Aussprüche über einen solchen Grund. Es dürfte indessen doch nicht ganz willkürlich sein, daß man gerade das Gebiet einer Stadt- oder noch kleinern Gemeinde, kein größeres und kein kleineres, als Orts- oder Raum-Einheit für solche wechselrechtliche Verhältnisse betrachtet, bei denen überhaupt auf Ortsverschiedenheit Gewicht gelegt wird. Einestheils dürfte hiebei in Betracht kommen, daß regelmäßig überall innerhalb des Gebietes ein und derselben Stadt oder kleineren Gemeinde die Kommunikationsmittel von der Beschaffenheit sind, daß die Fortbewegung der Personen und Sachen, insbesondere auch des baaren Geldes von einem Punkte zu einem andern, ohne irgend welchen erheblichen Verlust von Zeit und Mühe, und ohne erhebliche Gefahren von Statten geht [1]). Anderntheils aber ist hiefür noch weit mehr von Bedeutung: daß nur innerhalb der Grenzen ein und derselben Gemeinde mit einiger Gewißheit darauf gerechnet werden kann, daß für alle daselbst in Beziehung auf einen Wechsel mit Hülfe öffentlicher Beamten vorzunehmenden Akte (man denke nur an die in art. 56, 62 und 89 erwähnten successiven Proteste, und die im art. 91 pos. 2 erwähnten Nachforschungen) ein und dieselben Beamten kompetent seien. Gerade diese letztere Betrachtung rechtfertigt den scheinbar absurden Satz, der aus der Annahme des Gemeindegebietes als Raumeinheit folgt, daß zwei Punkte, die unmittelbar nebeneinander an der Grenze zweier Gemeinden liegen, aber zu verschiedenen Gemeinden gehören, für verschieden zu erachten sind, während die weit größeren Entfernungen innerhalb desselben Gemeindegebietes keine Ortsverschiedenheit begründen.

---

1) Auf diesen Punkt werden wir unten Kap. 3 §. 12 wieder zurückkommen.

Nach diesen vermuthlichen Gründen für die Annahme des Stadt- oder kleineren Gemeindegebietes als Raumeinheit dürfte sich denn auch die Frage entscheiden lassen, wie es in solchen Fällen zu halten sei, wo die Punkte, um deren Identität oder Verschiedenheit es sich handelt, in einem solchen Lande oder Landestheile gelegen sind, in welchem eine Abgrenzung bestimmter Gemeindegebiete in dem hier unterstellten Sinne (Stadt, Flecken, Dorf) überhaupt nicht statt findet. Hier wird der Richter zu prüfen haben, ob hinsichtlich der fraglichen Punkte, sowohl in Betreff der Kommunikationsmittel, als auch in Betreff der Kompetenz der Behörden ähnliche oder andere Verhältnisse obwalten, wie sie nach Obigem als die Regel für das Gebiet einer bestimmten Gemeinde zu betrachten sind.

Drittes Kapitel.

Rechtsfolgen des legalen trassirt-eignen Wechsels.

§. 1. Einleitung.

Nachdem in dem vorigen Kapitel der Begriff des legalen trassirt-eigenen Wechsels festgestellt ist, so haben wir nunmehr die besonderen Rechtsfolgen, welche die Wechselordnung mit Papieren verbindet, die diesem Begriffe entsprechen, zu untersuchen und übersichtlich darzustellen. Diese besonderen Rechtsfolgen treten als solche, als besondere, dadurch hervor, daß wir den legalen trassirt-eigenen Wechsel mit einer anderen Wechselform vergleichen, welche mit demselben begriffsmäßig zusammenfallen würde, wenn die Wechselordnung nicht in dem legalen trassirt-eigenen Wechsel eine besondere, eigenthümliche Rechtsfolgen nach sich ziehende, Wechselform anerkannt hätte. Eine solche andere Wechselform stellt sich in dem bereits erwähnten und definirten legalen domicilirt-eigenen Wechsel dar. Beide Wechselformen haben völlig dieselben wesentlichen Voraussetzungen, wenn man von der Einkleidung der ersteren in die äußere Form der Zahlungsanweisung oder des Zahlungsbefehles, und der letzteren in die äußere Form des Zahlungsversprechens abstrahirt[1]). Dennoch soll —

---

1) Sehr zweckmäßig dürfte es sein, sich folgende zwei Formulare, in welche nur wesentliche Bestandtheile aufgenommen sind, als Beispiele der beiden hier

dies ist im Prinzipe durchaus nicht zu bezweifeln — die erstere alle und nur die Rechtsfolgen der Tratte und die letztere, abgesehen von einer einzigen Modifikation im art. 99, alle und nur die Rechtsfolgen des Eigenwechsels nach sich ziehen. Das Prinzip dieses Unterschiedes in den Rechtsfolgen des legalen trassirt-eigenen Wechsels und des domicilirt-eigenen Wechsels wird auch von keinem Kommentator der deutschen Wechselordnung in Zweifel gezogen. Alle erkennen es an, daß dieses Prinzip schon durch die Stellung der betreffenden Artt. der Wechselordnung, des art. 6 pos. 2 unter die Bestimmungen über die Voraussetzungen der Tratte, des art. 99 unter die Bestimmungen über die Rechtsfolgen des eigenen Wechsels unzweideutig ausgesprochen sei [1]). Daß man es ernstlich mit diesem Prinzipe gemeint habe, zeigen auch die Konferenzprotokolle in unzweideutiger Weise, indem in den Berathungen einige der wichtigsten und in den Wechselverkehr am stärksten eingreifenden Konsequenzen dieses Prinzips ausdrücklich anerkannt wurden; so namentlich die absolute Nichtacceptabilität des domicilirt-eigenen Wechsels selbst dann, wenn ein besonderer Domiciliat benannt sein sollte (vergl. die 31. Sitzung S. 101 u. f. in der Mannheimer Ausgabe), und die Nothwendigkeit des Protestes beim trassirt-eigenen Wechsel, selbst wenn es sich

---

in Rede stehenden Wechselformen bei Durchlesung der nachfolgenden Betrachtungen zu vergegenwärtigen:

I. Formular eines legalen trassirt-eigenen Wechsels:

„Berlin, den 1. Oktober 1852.

Drei Monate nach Dato zahlen Sie gegen diesen Wechsel an den Herrn Heinrich Müller die Summe von Tausend Thalern preußisch Courant.

An mich selbst in Dresden.

Heinrich Schulze."

II. Formular eines legalen domicilirt-eigenen Wechsels:

„Berlin, den 1. Oktober 1852.

Drei Monate nach Dato verspreche ich in Dresden gegen diesen Wechsel an Herrn Heinrich Müller die Summe von Tausend Thalern preußisch Courant zu bezahlen.

Heinrich Schulze."

1) Beispielsweise citiren wir nur: Brauer Kommentar zu art. 6 S 40 in der 2ten Ausgabe; Koch Wechselrecht, Breslau 1850, S. 125; Bluntschli's Allg. d. W. O., Erlangen 1852, pag. 33. Der letztere spricht sich sehr bestimmt aus: „Dergleichen Wechsel sind von eigenen Wechseln, denen ein anderes Zahlungsdomicil beigefügt ist, doch verschieden, und zwar nicht bloß in ihrer äußern Form, indem jene einen Zahlungsauftrag, diese ein Zahlungsversprechen enthalten, sondern auch in ihrer wechselrechtlichen Behandlung und Wirkung. Präsentation und Acceptation z. B. sind bei trassirt-eigenen Wechseln von der nämlichen Bedeutung wie bei andern Tratten."

um die Klage gegen den Aussteller handele, (vergl. die Abstimmung in der 24. Sitzung S. 74 Spalte rechts a. a. O.). Eine vollständige Uebersicht aller praktisch wichtigen Konsequenzen dieses Prinzips ist bis jetzt noch von keinem Kommentator der Wechselordnung gegeben worden. Eine solche zu geben, und zu diesem Behufe die juristische Natur des Eigenwechsels im Gegensatze zur Tratte, wie sie durch die deutsche Wechselordnung festgestellt ist, näher zu untersuchen und zu beleuchten, als es bisher geschehen ist, das ist die Aufgabe, welche in den nachfolgenden §§. dieses Kapitels zu lösen versucht werden soll.

§. 2. Präsentations- und Protestations-Pflicht.

Der Aussteller des domicilirt-eigenen Wechsels wird nur dann durch Versäumniß der Präsentation zur Zahlung, (eventuell Protestation Mangels Zahlung) am Zahlungsorte zur Verfallzeit von seiner wechselmäßigen Verbindlichkeit liberirt, wenn eine vom Aussteller verschiedene Person als Domiciliat benannt ist. Ist, wie in dem oben §. 1 nota 1 Nr. II gewählten Beispiele, kein solcher Domiciliat benannt, so kann gegen ihn die volle Wechselsumme ungeachtet der Versäumniß dieser Diligenzen wechselmäßig in Anspruch genommen werden. Dies geht aus dem art. 99 der W. O. hervor. Es ist hier der Fall, wo der Aussteller selbst zu zahlen hat, von dem Falle, wo ein Domiciliat bennannt ist, unterschieden und sodann nur in dem letztern Falle dem Aussteller wegen Versäumniß der rechtzeitigen Protesterhebung die Liberation von seiner wechselmäßigen Verbindlichkeit zugesichert. Ebenso wird auch von Brauer in seinem Kommentar zu art. 99 argumentirt, indem er sagt (S. 153 2te Ausgabe): „Hat der Aussteller selbst am dritten Orte zu zahlen, so hängt natürlich die Klage des Inhabers nicht von dieser Solennität ab." Unterstützt wird diese Argumentation auch noch durch das, was bei Gelegenheit der Berathung des art. 43 der W. O., worin offenbar eine ganz analoge Bestimmung hinsichtlich des domicilirten Accepts getroffen worden ist, in der Konferenz geäußert wurde. Es heißt in den Protokollen (Mannheimer Ausgabe pag. 41): „Bleibe es aber bei dem zweiten Absatze des §. 41" (jetzt art. 43), „so müsse dessen Inhalt jedenfalls dahin eingeschränkt werden, daß die angedeutete Folge eines Präjudizes wenigstens alsdann nicht eintrete, wenn der am Zahlungsorte aufzusuchende Zahler der Acceptant selbst sei. Von einer andern Seite ward diese letztere Bemerkung unterstützt, und die Versammlung erkannte dieselbe mit der Bemerkung als richtig an, daß bei der Fassung weitere Rücksicht darauf zu nehmen sei."

Es ist hienach der Aussteller eines trassirt-eigenen Wechsels, sofern er eben bloß als solcher und nicht zugleich auch als Acceptant unterzeichnet hat, in Beziehung auf Präsentations- und Protestations-Pflicht weniger streng verpflichtet, als der Aussteller eines domicilirt eigenen Wechsels. Denn bei dem erstern ist die wechselmäßige Verpflichtung schlechthin, mag ein Domiciliat benannt sein, oder nicht von der Wahrung jener Solennitäten abhängig, während bei diesem nur dann, wenn ein solcher Domiciliat benannt ist. Daß übrigens im Geschäftsleben auch beim trassirt-eigenen Wechsel die Benennung eines Domiciliaten vorkommt, zeigt ein im Arch. f. d. W. Bd. II S. 335 erzählter Rechtsfall. Ebenso wird auch von Thöl Bd. II §. 275 Nr. 4 gesagt: „Der eigentrassirte Wechsel kann auch ein domicilirter Wechsel sein." Hat dagegen der Aussteller eines trassirt-eigenen Wechsels das Papier zweimal, einmal als Aussteller, und zum zweiten Male als Acceptant ebenfalls auf der Vorderseite des Wechsels unterzeichnet (man denke sich in dem obigen Formulare I den Namen Heinrich Schulze noch einmal mit oder ohne das Wort: „angenommen"), so fällt natürlich sein Recht auf rechtzeitige Präsentation und Protestation weg, es sei denn, daß sein Accept im Sinne der pos. 2 des art. 43 der W. O. als domicilirter Accept mit benanntem Domiciliaten erschiene. Dies würde aber nur dann der Fall sein, wenn als Wohnort des Domiciliaten eine von der Stadt, die als Zahlort resp. Wohnort des Trassaten angegeben ist, verschiedene Stadt angegeben wäre. Dies ist aber bei dem Wechsel, von welchem der Rechtsfall Bd. II S. 335 des Archivs handelt, entschieden nicht der Fall. Es ist daher nach unserer Ansicht die dort mitgetheilte Entscheidung des Leipziger Spruchkollegiums unrichtig. Der dort beschriebene Wechsel ist nach pos. 2 art. 43 deshalb nicht präjudicirt, weil ein „Domiciliat am Zahlorte," folglich überhaupt gar kein Domiciliat im legalen Sinne des Wortes bezeichnet ist. Der dort beschriebene Wechsel ist aber auch nicht nach pos. 2 art. 99 präjudicirt, weil er eben kein domicilirt-eigener, sondern ein trassirt-eigener ist. Er ist aber auch endlich nicht als Tratte präjudicirt, weil Adolf Publius in jenem Wechsel nicht bloß Trassant, sondern zugleich auch Acceptant ist. Die in jenem Rechtsfalle erhobene Klage war daher nicht unter dem Gesichtspunkte einer civilrechtlichen Klage aus art. 83 der W. O., wie das Leipziger Spruchkollegium angenommen hat, sondern vielmehr als wechselrechtliche Klage gegen den Acceptanten einer zwar im vulgären Sinne, aber nicht im Sinne des art. 24 der W. O. domicilirten Tratte begründet [1]).

Wenn man die von Einert aufgestellte Interpretation der pos. 2 art. 6, welche oben von uns zu widerlegen versucht worden ist, für richtig hält, dann würde sich zwar das Resultat, aber nicht die Begründungsweise dieser Entscheidung des Leipziger Spruchkollegiums als richtig darstellen. Nach Einert hätte der hier in Rede stehende Wechsel deshalb, weil Adolf Publius in der That bloß in Chemnitz und nicht zugleich auch in Leipzig ein selbständiges Etablissement resp. einen geschäftlichen Mittelpunkt hatte, für einen illegalen trassirt-eigenen Wechsel erklärt werden können. Als solcher hätte er sodann deshalb, weil die beiden Unterschriften, die des Trassanten und die des Acceptanten von ein und derselben Hand geschrieben sind, folglich die Personenidentität evident ist, als eigener und zwar als domicilirt-eigener Wechsel in Betracht kommen müssen. Hieraus würde dann weiter der Schluß zu ziehen gewesen sein, daß nach pos. 2 des art. 99 die wechselrechtliche Klage gegen den Adolf Publius, der hienach bloß als Aussteller eines domicilirten eigenen Wechsels mit benanntem Domiciliaten erschienen wäre, durch Protestversäumniß verloren gegangen sei. Demnach wäre — die Einert'sche Theorie als richtig unterstellt — jedenfalls die Bezugnahme auf pos. 2 art. 43 in den Entscheidungsgründen völlig unrichtig, wenn auch das Resultat, daß die Klage nur als civilrechtliche nach art. 83 aufrecht erhalten wurde, ein richtiges sein würde.

---

1) Dieser Rechtsfall bietet ein höchst interessantes Beispiel für einen Satz, auf den wir unten zurückkommen werden, nämlich dafür, daß das formelle Princip der deutschen Wechselordnung gerade dadurch mit den Anforderungen des materiellen Rechts im Einklange steht, daß es in seiner vollkommensten Konsequenz und Schärfe durchgeführt wird. Offenbar ist in diesem Rechtsfalle das materielle Recht auf Seiten der präjudicirten Kläger. Gesetzt der Beweis der Bereicherung wäre mißlungen, so würden diese ihr materielles Recht gerade in Folge einer weniger konsequenten Durchführung des formellen Princips eingebüßt haben. Nach unserer Ansicht, welche dies formelle Princip in der vollkommensten Schärfe durchführt, und folgeweise den Adolf Publius als Acceptanten einer Tratte, die nicht legal domicilirt ist, behandelt, tritt dagegen diese Gefahr für die Kläger, ihr materielles Recht wegen Schwierigkeit des Beweises einzubüßen, gar nicht ein.

§. 3. Notifikationspflicht.

Der art. 45 der W. O. begründet ebenfalls, ja noch mehr, als die über Präsentations- und Protestations-Pflicht in der W. O. aufgestellten Grundsätze, einen wesentlichen Unterschied zwischen den Rechtsfolgen, welche den Aussteller eines legalen trassirt eigenen Wechsels, und denen, welche den Aussteller eines domicilirt-eigenen Wechsels treffen. Da im art. 99, welcher die Besonderheiten des domicilirt-eigenen Wechsels umfassend bestimmt, die im art. 45 legalisirte Notifikationspflicht mit Stillschweigen übergangen ist, der art. 45 aber auf eigene Wechsel im Allgemeinen kraft Nr. 6 des art. 98 nur in sofern anwendbar ist, als es sich um den Regreß gegen die Indossanten handelt, so steht der Aussteller eines domicilirten Eigenwechsels dem Aussteller eines trassirten Wechsels in Beziehung auf die Notifikationspflicht selbst dann nicht gleich, wenn ein besonderer vom Aussteller verschiedener Domiciliat benannt ist. Der Aussteller eines legalen trassirt-eigenen Wechsels wird dagegen, sofern er nur als solcher und nicht zugleich auch als Acceptant den Wechsel unterzeichnet hat, auf die Unterlassung der im art. 45 vorgeschriebenen Notifikationspflicht vollkommen dieselben Rechte stützen können, die überhaupt in jenem art. 45 dem Aussteller einer Tratte zugesichert sind, mag in dem trassirt-eigenen Wechsel ein besonderer Domiciliat benannt sein oder nicht. Er wird daher zunächst sehr wohl in die Lage kommen können, sich gegen den Regreßnehmer auf die am Schlusse des §. 45 angedrohte reine Strafe, den Verlust des Anspruchs auf Zinsen und Kosten, berufen zu dürfen, da dies ein Recht ist, welches einen rein formellen Charakter an sich trägt, d. h. von keinen anderen Voraussetzungen, als der Thatsache, daß die im art. 45 vorgeschriebene Pflicht übertreten ist, abhängt. Was dagegen den Anspruch auf Ersatz des durch die unterlassene Benachrichtigung entstandenen Schadens anbetrifft, welcher durch pos. 3 des §. 45 den rechtswidrig nicht notificirten Vormännern, und folgeweise unter den geeigneten Voraussetzungen auch dem Trassanten selbst eingeräumt ist, so hängt derselbe von der materiellen Voraussetzung ab, daß wirklich ein solcher Schaden durch die Verletzung der Notifikationspflicht entstanden ist, eine Voraussetzung, welche nach den gewöhnlichen Beweisregeln des Civilprozesses bewiesen werden muß, und diesem Anspruch den Charakter einer civilrechtlichen Quasideliktsklage verleiht.

Hier muß allerdings zugestanden werden, daß der Aussteller eines legalen trassirt-eigenen Wechsels nicht leicht in die Lage kommen wird, von diesem Rechte Gebrauch machen zu können, und daß daher in dieser letztern Beziehung der durch §. 45 begründete Unterschied zwischen trassirt-eigenen und domicilirt-eigenen Wechseln, wenn auch prinzipiell unzweifelhaft, praktisch geringe Bedeutung hat. Denn in der Regel werden die faktischen dem Wechsel selbst fremden Verhältnisse, auf welche bei dieser civilrechtlichen Quasideliktklage aus Satz 1 der pos. 3 des art. 45 der W. O. zurückgegangen werden muß, bei einem trassirt-eigenen Wechsel, wenn es überhaupt zu einem Proteste kommt, von solcher Beschaffenheit sein, daß der Aussteller auch ohne die formelle Notifikation die erforderliche Kenntniß des Protestes erlangt, und folgeweise nicht beweisen kann, daß ihm durch die Versäumniß dieser Pflicht ein Schaden erwachsen sei.

§. 4. Verjährung.

Der Aussteller eines domicilirt-eigenen Wechsels haftet nach art. 100 der W. O. zwar während der langen Verjährungszeit von drei Jahren, aber es ist die Verjährungsfrist immer schon vom Verfalltage an zu berechnen. Der Aussteller eines legalen trassirt-eigenen Wechsels haftet dagegen, als solcher, nur innerhalb der weit kürzeren durch art. 78 und art. 79 der W. O. fixirten Verjährungsfristen; aber es beginnt die Verjährungsfrist für jeden einzelnen Klageberechtigten besonders zu laufen. Es hat demnach der letztere zwar den Vortheil regelmäßig schon sehr bald, wenn die Wechselgläubiger säumig sind, außer Obligo zu kommen; er hat aber zugleich den Nachtheil, über den Zeitpunkt, wann dies eintreten würde, keine Gewißheit zu haben. Ja es ist unter ganz besonderen Voraussetzungen sogar möglich, daß er noch länger als drei Jahre nach Verfall rechtsgültig belangt werden kann. Der Aussteller des domicilirt-eigenen Wechsels wird dagegen, weil die art. 78 und 79 der W. O. im art. 98 Nr. 10 nur den Indossanten gegenüber für anwendbar erklärt worden sind, niemals vor Ablauf dreier Jahre seit Verfall durch Verjährung liberirt. Dafür hat er aber, wenn diese drei Jahre verflossen sind, auch die absolute Gewißheit, durch Verjährung liberirt zu sein, wenn er nicht etwa, was allerdings nach art. 10 pos. 2 denkbar ist, zugleich auch als Indossant verhaftet ist. Ob der domicilirt-eigene Wechsel ein solcher mit oder ohne benannten Domicilaten ist, macht in Beziehung auf die Verjährung ebensowenig, wie in Beziehung auf die Notifikation einen Unterschied, da der art. 100 sich auf alle eigenen Wechsel bezieht.

Wenn der Aussteller eines legalen trassirt-eigenen Wechsels nicht bloß dies, sondern zugleich auch Acceptant ist, wenn seine Namensunterschrift sich zweimal auf der Vorderseite des Wechsels befindet, dann ist derselbe in Beziehung auf Liberation durch Verjährung in einer weit schlimmern Lage, wie der Aussteller eines domicilirt-eigenen Wechsels. Denn als Acceptant bleibt er jedenfalls drei volle Jahre nach Verfall in Obligo; und außerdem bleibt es möglich, wenn auch nicht wahrscheinlich, daß in Folge einer besondern Verkettung von Umständen (sehr viele, entfernt wohnende Indossanten; sehr langsamer ohne alle Sprünge vorgenommener Regreß) gegen ihn auch noch nach Ablauf dieser Frist die Regreßklage rechtsgültig angestellt werden kann.

§. 5 Acceptabilität.

Unter Acceptabilität[1]) eines Papiers verstehen wir hier nur diejenige Eigenschaft desselben, vermöge deren der Inhaber desselben ein Recht hat, dasselbe vor Verfall bei einer darin benannten Person zur Acceptation zu präsentiren, und, im Falle

---

1) Man kann Acceptabilität auch so verstehen, daß man nicht nur an das Recht des Inhabers auf Acceptation, eventuell Regreß Mangels Annahme, sondern auch an die rechtliche Möglichkeit, auf dem Papiere die wechselmäßige Erklärung der Acceptation abzugeben, denkt. In diesem Sinne hat offenbar Einert in seiner Befürwortung der kaufmännischen Anweisungen (S. 104 Spalte rechts der Konferenzprotokolle Mannheimer Ausgabe) den Begriff der Acceptabilität genommen, indem er darauf aufmerksam machte, daß durch Zulassung des domicilirt-eigenen Wechsels deshalb nicht dem Bedürfnisse nach Zulassung s. g. kaufmännischer Anweisungen genügt sei, weil bei jenem auch nicht einmal die Möglichkeit einer Acceptation vorhanden sei, während bei diesen zwar auch kein Recht auf Acceptation, aber doch die Möglichkeit einer Acceptation anzuerkennen sei. Allein es dürfte wohl, wenn so, wie in der deutschen Wechselordnung, das Princip anerkannt ist, daß jeder Mitunterzeichner einer Wechselerklärung als Hauptschuldner und nicht etwa als bloßer Bürge haftet (art. 81 pos. 1 der d. W. O.), die Frage, ob ein Papier die Acceptation zuläßt oder nicht, nur äußerst geringe praktische Bedeutung haben, so daß man bei der Begriffsbestimmung der Acceptabilität von dieser Frage gänzlich abstrahiren kann. Es wird unten Gelegenheit sein, hierauf zurückzukommen.

diese Person entweder gar nicht zu finden ist, oder dieselbe die Acceptation ganz oder theilweise verweigert, auf Grund des hierüber erhobenen Protestes gegen den Aussteller und alle diejenigen, welche mit ihm zugleich dem Inhaber solidarisch haften, die Regreßklage Mangels Annahme anzustellen.

Die Wechselordnung hat diese Eigenschaft im Allgemeinen allen Papieren, welche den Erfordernissen der Tratte (art. 4 und art. 6) entsprechen, beigelegt, und umgekehrt allen Papieren, welche diesen Erfordernissen nicht entsprechen, vielmehr unter den Begriff der eigenen Wechsel nach art. 96 fallen, versagt, indem sie die sämmtlichen artt. der Wechselordnung, worin diese Eigenschaft näher bestimmt wird, weder durch art. 98 auf die Eigenwechsel im Allgemeinen, noch durch art. 99 auf die domicilirten Eigenwechsel insbesondere ausdehnt. Grundsätzlich steht demnach fest, daß alle Tratten acceptabel, und alle Eigenwechsel nicht acceptabel sind. Die „Auf Sicht" gestellten Tratten machen jedoch von dem ersten Theil dieses Grundsatzes eine sich von selbst verstehende Ausnahme, da bei ihnen ein Regreßrecht Mangels Annahme vor Verfall einfach deshalb für den Inhaber gar kein denkbares rechtliches Interesse darbietet, weil mit dem Momente der ersten Präsentation schon der Verfalltag selbst unmittelbar gegeben ist[1]) Es sind daher die Auf-Sicht-Wechsel (im Gegensatze zu Nach-Sicht-Wechseln) keine acceptabeln Papiere, gleichviel ob sie Tratten oder Eigenwechsel sind[2]). Umgekehrt machen die domicilirten Eigenwechsel, wie sowohl aus der Wechselordnung selbst, als auch aus allgemeinem kaufmännischen Herkommen[3]) und

---

1) S. darüber Treitschke Encyklopädie Bd. II S. 545. Anderer Ansicht ist Thöl Bd. II §. 167.

2) In Beziehung auf die rechtliche Möglichkeit, eine Accepterklärung aufzunehmen, sind natürlich auch Auf-Sicht-Tratten acceptabel. Es hat dies aber, wie schon erwähnt, fast gar keine praktische Bedeutung.

3) Im Geschäftsleben wird der Ausdruck: „Ich verspreche" als ein Kennzeichen der Nichtacceptabilität angesehen, mag übrigens der Inhalt des Papiers noch so sehr mit dem einer Tratte übereinkommen. Will man eine allgemeine Theorie des Wechselrechts einzig und allein aus dem Inhalt der wechselmäßigen Erklärungen ohne Rüsicht auf allgemeine Ansichten des Handelsstandes konstruiren, so gelangt man allerdings zu dem Resultate, daß der domicilirte eigene Wechsel mit benanntem Domiciliaten eine Tratte in ungewöhnlicher Form sei, ein Resultat, welches von Thöl Bd. II §. 278 S. 453 und nota 6 und 7 sehr bestimmt ausgesprochen und als ein Satz des allgemeinen Wechselrechts vertheidigt wird. — Das einzige Gesetz, welches der allgemeinen Ansicht des Handelsstandes zuwider, dieses Resultat gesetzlich sanktionirte, und demgemäß die Acceptabilität des domicilirt-eigenen Wechsels mit benanntem Domiciliaten festsetzte, ist die Augsburger Wechselordnung von 1778, in welcher es cap. III

den Aussprüchen der Konferenz hervorgeht, ganz entschieden keine Ausnahme von diesem Prinzipe; sie sind als Eigenwechsel nicht acceptabele Papiere, mögen sie einen besondern Domiciliaten bezeichnen, oder nicht.

Da der trassirt-eigene Wechsel durch die Wechselordnung für eine Tratte erklärt ist, so muß derselbe, sofern er nicht „Auf Sicht" lautet, als ein acceptabeles Papier in Betracht kommen, es müßte denn etwa nachweisbar sein, daß bei trassirt-eigenen Wechseln eine Präsentation zur Annahme in ähnlicher Weise, wie bei Auf-Sicht-Wechseln, rechtlich unmöglich wäre. Für diesen Beweis könnte man anführen, daß sich kein rechtliches Interesse des Inhabers denken lasse, von einer Person, die bereits schon durch die Ausstellung des Papiers wechselmäßig obligirt ist, eine nochmalige schriftliche Versicherung, wechselmäßig obligirt zu sein, zu fordern. Hiergegen sprechen aber die schlagendsten Gründe. Erstens geht das rechtliche Interesse des Inhabers, von derselben Person, die ihm schon als Trassant verpflichtet ist, die Annahme zu fordern schon daraus hervor, daß die Bedingungen, unter denen der Trassant haftet, weit mildere sind, als diejenigen, unter welchen der Acceptant haftet. Der letztere hat weder den Anspruch auf rechtzeitige Präsentation und Protestation, noch auf Notifikation, noch auf die kürzeren Verjährungsfristen: Ansprüche, welche, wie bereits in diesem Kapitel §§. 2, 3 und 4 ausgeführt, sämmtlich dem Aussteller des trassirt-eigenen Wechsels zustehen. Es liegt demnach ein sehr gewichtiges rechtliches Interesse des Inhabers vor, durch Präsentation zur Annahme an dem Orte, der als Zahlungsort resp. Wohnort des Bezogenen angegeben ist, den Versuch zu machen, dieselbe Person, die ihm dermalen nur unter Bedingungen für Zahlung einsteht, unabhängig von diesen wechselmäßig zu obligiren. Zweitens ist aber auch sehr wohl der Fall denkbar, daß die besonderen faktischen Verhältnisse, namentlich die Beziehungen des

---

§. 19 heißt: „Die auswärtige auf sich selbst, oder auf Fremde, hier zahlbar lautende, und domicilirte Wechselbriefe sollen von demjenigen, bei welchem sie domicilirt sind, nicht per procura des Ausstellers, sondern platterdings unter seinem eigenen Namen acceptirt werden, widrigenfalls der Inhaber zu protestiren verbunden ist." Wie sehr übrigens dieser Satz der Augsburger Wechselordnung den Ansichten des Handelsstandes zuwider lief, zeigt dessen Abschaffung durch die Erläuterung der Wechselordnung vom 28. Februar 1804, welche bei Meißner Bd. I S. 247 abgedruckt ist. Auch die St. Galler Wechselordnung, welche angeblich aus der Augsburger Wechselordnung entstanden sein soll, hat jenen Satz sehr bestimmt verworfen, wie aus der von uns oben allegirten Stelle hervorgeht.

Ausstellers zu den zwei verschiedenen Orten von solcher Beschaffenheit sind, daß es ein rechtliches Interesse für den Inhaber darbietet, den Aussteller nicht bloß aus einer am Ausstellungsorte, sondern zugleich auch aus einer am Zahlorte begründeten Schuld belangen zu können. Man setze z. B. den Fall, daß der Aussteller an beiden Orten exequirbares Vermögen besitzt, und daß in Gemäßheit der betreffenden Proceßgesetze, sei es aus Gründen des internationalen Rechts, oder, weil sie an dem in der Theorie allerdings verworfenen Principe der analogen Anwendung der actio tributoria [1]) festhalten, über die eine oder die andere Vermögensmasse ein Partikularkonkurs eröffnet wird. In einem solchen Falle würde es für den Inhaber von der größten Wichtigkeit sein, den Aussteller nicht bloß als solchen aus der urkundlich am Ausstellungsorte entstandenen Schuld, sondern auch aus dem Accepte, welcher urkundlich am Zahlungsorte gegeben ist, belangen zu können. Hierzu kommt endlich drittens noch die Erwägung, daß selbst bei wirklichen, nicht einmal domicilirten Eigenwechseln wenigstens dann ein rechtliches Interesse des Inhabers, vor Verfall zur Acceptation präsentiren, und Mangels derselben protestiren und Regreß nehmen zu dürfen, denkbar ist, wenn der Inhaber das Papier nicht unmittelbar aus den Händen des Ausstellers erworben hat, wenn also ein Regreß Mangels Annahme gegen andere Vormänner, als den Aussteller, möglich ist. Denn ein solcher Inhaber hat jedenfalls ein Interesse daran, sich schon vor Verfall davon zu überzeugen, daß die Unterschrift des Ausstellers echt ist, und daß auch sonst keine Ausflüchte desselben zu fürchten sind. Gerade diese Erwägung hat offenbar die allerdings den Ansichten des Handelsstandes nicht entsprechende Bestimmung älterer Wechselordnungen, wenigstens ganz sicher die der Sachsen-Altenburgischen von 1750 cap. I §. 9 [2]) veranlaßt, wonach ein girirter, wenn auch nicht domicilirter Eigenwechsel für acceptabel erklärt worden ist.

---

1) Vergl. hierüber Pöhls Handelsrecht Bd. I §. 176. Dabelow Erläuterungen der Lehre vom Konkurs S. 347 u. f.

2) Daselbst heißt es: „Käme aber ein eigener Wechsel durch Transportirung oder Cession in die andere, dritte, oder mehrere Hände, so soll nicht allein der Inhaber solchen zur Acceptation präsentiren, sondern auch der Debitor ohne allen Verzug, damit der Inhaber oder Cessionarius von des Wechsels Richtigkeit desto eher versichert werde, zu acceptiren schuldig sein." — Zu vergleichen ist Thöl Handelsrecht Bd. II S. 439 nota 1 und S. 440 nota 2 u. 3. In der citirten nota 1 sind alle übrigen ältern Wechselordnungen angeführt, welche eine

Somit dürfte zur Genüge nachgewiesen sein, daß nicht etwa bei trassirt-eigenen Wechseln in ähnlicher Weise, wie bei Auf-Sicht-Tratten, die Acceptabilität etwas rechtlich undenkbares ist, und daß mithin, da die Wechselordnung nirgends in Betreff der trassirt-eigenen Wechsel die Acceptabilität ausdrücklich ausschließt, gerade diese Eigenschaft einen sehr wesentlichen Unterschied in den Rechtsfolgen des trassirt-eigenen und des domicilirt-eigenen Wechsels begründet. Zu bemerken ist hierbei noch, daß dieser Unterschied nicht bloß den Aussteller selbst berührt, sondern auch die Indossanten, während von den in §§. 2, 3 und 4 dieses Kapitels hervorgehobenen Unterschieden diese letzteren durchaus nicht getroffen werden. — Es ist demnach der Aussteller, und jeder Indossant eines legalen trassirt-eigenen Wechsels in dieser Beziehung weit strengeren Verpflichtungen unterworfen, als der Aussteller und die Indossanten eines domicilirten Eigenwechsels. Die ersteren sind dem Regresse Mangels Annahme ausgesetzt, die letzteren nicht. Der Aussteller des trassirt-eigenen Wechsels muß daher, wenn er den Wechsel ohne Accept in den Handel gebracht hat, schon vor Verfall am Zahlungsorte in Person oder durch geeignete Repräsentanten vertreten, anwesend sein, widrigenfalls er mindestens Gefahr läuft, die oft nicht unbeträchtlichen Kosten des Regresses Mangels Annahme bezahlen zu müssen. Der Aussteller des domicilirt-eigenen Wechsels braucht dagegen vor Verfall weder am Zahlungsorte anwesend zu sein, noch auch für Deckung zu sorgen; er ist vor Verfall schlechterdings keiner wechselrechtlichen Klage ausgesetzt.

§. 6. Vervielfältigung der Wechsel[1]).

Unter dieser Rubrik werden die in art. 66 bis 69 enthaltenen Bestimmungen über mehrfache Ausfertigung gleichlautender

---

ähnliche Bestimmung enthalten; in der citirten nota 2 ist die Literatur über diesen Gegenstand angeführt. Thöl selbst erklärt diese Bestimmung aus einem Uebersehen des Umstandes, daß in dem an Ordre lautenden eigenen Wechsel bereits der Accept dieser durch das Indossament sich anschließenden Tratten enthalten sei — eine Ansicht, die jedenfalls nicht auf die citirte Disposition der Altenburger W. O. paßt.

1) Nachdem bereits die nachfolgende Darstellung ausgearbeitet war, ist dem Verfasser der Aufsatz Jolly's „Ueber Wechselduplikate" im Archiv Bd. III Heft 1 S. 1 u. f. zu Gesicht gekommen. Es konnte daher der Inhalt desselben nur noch in einzelnen Anmerkungen Berücksichtigung finden.

Wechselurkunden durch den Aussteller selbst (s. g. Duplikate), und die in art. 70 bis 72 enthaltenen Bestimmungeu über mehrfache Ausfertigung gleichlautender Wechselurkunden durch den ersten Nehmer (Remittenten) oder einen spätern Nehmer (Indossatar) ohne Mitwirkung des Ausstellers (Kopien) zusammengefaßt. Der preuß. Entwurf hatte weder der einen, noch der andern Klasse dieser Bestimmungen Anwendbarkeit auf eigene Wechsel beigelegt (S. §. 89 des pr. E.). In der Leipziger Konferenz (S. Mannheimer Ausgabe der Protokolle S. 75, Sitzung 24 am Schlusse) wurde dagegen, ohne daß hierüber Gründe zu Protokoll genommen wurden, beschlossen, daß allerdings der zweiten Klasse jener Bestimmungen, den Bestimmungen über die Kopien, Anwendbarkeit auf eigene Wechsel beizulegen sei. So kam es, daß im art. 98 der Wechselordnung unter Nr. 8 die Anwendbarkeit der art. 70 bis 72 ausgesprochen wurde, während die art. 66 bis 69 in dem art. 89 mit Stillschweigen übergangen sind. Principiell steht demnach fest, daß die sämmtlichen Interessenten bei einem eigenen Wechsel sich zwar auf art. 70 bis 72, aber nicht auf art. 66 bis 69 berufen können, um besondere Rechte, oder besondere Bedingungen für ihre Verbindlichkeiten abzuleiten, während die analogen Interessenten bei einer Tratte auch aus art. 66 bis 69 solche besondere Rechte, oder besondere Bedingungen für ihre Verbindlichkeiten abzuleiten befugt sind [1]). Prineipiell steht demnach ferner fest, daß dieser Vorzug der Interessenten bei einer Tratte vor den analogen Interessenten bei einem Eigenwechsel in Beziehung auf Duplikate einen weiteren Unterschied in den Rechtsfolgen des trassirt-eigenen und des domicilirt-eigenen Wechsels begründet. Denn daß gerade in dieser Beziehung der letztere ausnahmsweise als Tratte, oder der erstere nicht als Tratte zu behandeln sei, ist nirgends ausgesprochen.

Um nun die praktischen Konsequenzen dieses weiteren Unterschiedes zu ermitteln, ist es nothwendig festzustellen: 1) welche Rechte oder Bedingungen für Verbindlichkeiten überhaupt in den art. 66 bis 69 in Beziehung auf solche Wechselinteressenten

1) Jolly a. a. O. S. 6 behauptet, daß alle Bestimmungen über Duplikate analog auch auf eigene Wechsel anwendbar seien, mit einziger Ausnahme derjenigen über das Recht auf Duplikate. — Dafür citirt er Bluntschli, welcher, wie unten gezeigt ist, für die gewiß praktisch wichtigste Bestimmung über die Frage, wie es im Falle eines Mißbrauchs der Duplikate zu halten sei, das Gegentheil behauptet.

angeordnet sind, die ebensowohl beim trassirt-eigenen, als auch beim domicilirt-eigenen Wechsel vorkommen; 2) in wiefern und welche von diesen Rechten weder mit denjenigen zusammentreffen, die in den art. 70 bis 72 angeordnet sind, noch auch aus anderen allgemeinen, für alle Wechselformen (Tratte und Eigenwechsel) geltenden Principien der Wechselordnung hervorgehen.

Zur Vereinfachung dieser Untersuchung ist es zweckdienlich, folgende in den art. 66 bis 69 enthaltenen Rechtsinstitute abgesondert zu behandeln: I. Form und Wirkung der Duplikate im Allgemeinen, art. 66 pos. 2 und art. 67; II. Form und Wirkung der Indossirung eines Duplikats mit Bezugnahme auf ein anderes ohne dies Indossement versandtes Duplikat, art. 68 und 69. III. Das Recht auf Duplikate, art. 66 pos. 1 und pos. 3.

§. 7. Fortsetzung.

Ad I. Die Rechte oder Bedingungen für Verbindlichkeiten, welche durch die Bestimmungen über Form und Wirkung der Duplikate im Allgemeinen (§. 66 pos. 2 u. §. 67) angeordnet sind, setzen zwei Thatsachen voraus: 1) daß überhaupt der Aussteller eines Wechsels denselben in mehrfachen vollständigen Exemplaren ausgefertigt, unterzeichnet und in den Verkehr gebracht hat, in der Absicht, aus allen diesen Exemplaren (Duplikaten) nur einmal obligirt zu werden, sei es, daß er dadurch einem Nehmer den s. g. Gebrauch zur Sicherheit, oder den s. g. Gebrauch zur Bequemlichkeit, oder beide Gebrauchsarten ermöglichen[1]) wollte; 2) daß in Folge irgend eines Verbrechens (Betrug, Fälschung, Funddiebstahl, Unterschlagung) oder eines Irrthums ein durch ein solches Exemplar legitimirter Inhaber (§. 36) wechselmäßige Ansprüche erhebt, nachdem bereits ein anderes von diesen Exemplaren eingelöst worden ist. Daß beide Thatsachen ebensowohl bei Eigenwechseln[2]), als bei Tratten vorkommen können, kann nicht be-

---

1) S. Treitschke sub voce Duplikate. Wenn Thöl Handelsrecht Bd. II §. 280 sub B noch eine dritte Gebrauchsart der Duplikate anführt, so ist dies gewiß nicht zu billigen. Was er als einen Gebrauch der Duplikate betrachtet, ist offenbar nur einer der verschiedenen Wege, Duplikate zu mißbrauchen, d. h. einen vom Aussteller nicht beabsichtigten Gebrauch davon zu machen.

2) S. Treitschke sub voce Duplikate §. 3, wo ausdrücklich die Möglichkeit von Duplikaten eigener Wechsel erwähnt wird. Auch Thöl Handelsrecht Bd. II §. 269 nr. 4 und Entwurf für Mecklenburg §. 132 und §. 133 erkennt die Möglichkeit an.

zweifelt werden, wenn man auch zugeben muß, daß sie überhaupt sehr selten und zwar bei Eigenwechseln noch weit seltener als bei Tratten vorkommen werden. Bei Tratten wird in Frage kommen, ob der Aussteller, Indossant, Acceptant, das bereits eingelöste Exemplar gebrauchen könne, um darauf die wechselrechtliche Einrede der Zahlung stützen zu können[1]), bei Eigenwechseln wird diese Frage nur in Beziehung auf Aussteller und Indossant aufgeworfen werden können. Es ist daher zu untersuchen, wie diese Frage in Beziehung auf Aussteller und Indossanten zu beantworten sein würde, wenn man von art. 66 pos. 2 und art. 67 gänzlich abstrahirt. In den art. 70 bis 72 kann über diese Frage schon deshalb keine Entscheidung gesucht werden, weil die dort normirten Rechtsverhältnisse in Beziehung auf Kopien bloß den Fall des Gebrauchs, aber durchaus nicht den des Mißbrauchs der Kopien unterstellen. Es muß daher hier lediglich von allgemeinen in der Wechselordnung enthaltenen oder anerkannten Principien ausgegangen werden. Was nun zunächst denjenigen Indossanten anbetrifft, der entweder selbst als ein solcher erscheint, welcher die beiden Exemplare an verschiedene Personen indossirt hat, oder der Nachmann eines solchen ist, so dürfte es keinem Zweifel unterliegen, daß diesem das Recht, sich des eingelösten Exemplars zur Einrede der Zahlung bedienen zu dürfen, auch ganz unabhängig von der Bestimmung in nr. 1 pos. 2 des art. 67 versagt werden müßte. Derjenige Indossant, welcher die Exemplare an verschiedene Personen indossirt hat, ist der Absicht des Ausstellers, nur einmal obligirt zu werden, oder was dasselbe sagt, durch Einlösung nur eines Exemplars von den Verpflichtungen aus den übrigen Exemplaren liberirt zu werden, erklärtermaßen nicht beigetreten. Er hat erklärtermaßen die Absicht des Ausstellers, daß, wenn das eine Exemplar bezahlt sei, das andere seine Kraft verlieren solle, und wäre sie noch so

1) Es ist hier und in der folgenden Betrachtung der Ausdruck wechselrechtliche Einrede immer in dem Sinne des art. 82 der W. O. von solchen Einreden gebraucht, die ohne Rücksicht auf ein vom Kläger selbst begangenes Delikt (Betrug, Diebstahl, Fälschung ꝛc.) oder den Versuch desselben, sich grundlos auf Kosten des Verklagten zu bereichern, oder ein zwischen dem Kläger und Verklagten abgeschlossenes civilrechtlich klagbares Kontraktsverhältniß opponirt werden können. Die Einrede der Zahlung gehört unter den Gesichtspunkt der wechselrechtlichen Einreden offenbar nur dann, wenn sie durch Vorzeigung des eingelösten Exemplars oder durch Quittirung auf dem zur Klage selbst benutzten Exemplare (art. 39) bewiesen wird. S. die Präjudicien im Archiv, Bd. II S. 333, S. 450 und S. 451. —

deutlich vom Aussteller auf dem Wechsel ausgedrückt worden, mißbilligt; er hat ersichtlich erklärt, für die Zahlung sowohl des einen, als auch des andern Exemplars einstehen zu wollen. Jeder Nachmann eines solchen Indossanten ist dieser Erklärung beigetreten [1]). Es ist daher anzunehmen, daß der Satz, welcher in art. 67 pos. 2 nr. 1 zunächst nur für Duplikate von Tratten, und zwar nur für solche, welche in der pos. 2 art. 66 vorgeschriebenen Form eingerichtet sind, ausgesprochen ist, ganz ebenso auch für formlose Duplikate und für Duplikate von Eigenwechseln gilt, daß also durch die Nichtaufnahme der nr. 1 pos. 2 art. 66 in den art. 98 kein Unterschied zwischen Tratte und Eigenwechsel, und zwischen trassirt- und domicilirt-eigenem Wechsel begründet ist.

Was dagegen die übrigen Indossanten und den Aussteller anbetrifft, so ist die Frage, ob ihnen die auf ein anderes Exemplar zu stützende Zahlungseinrede unabhängig von pos 2 art. 66 und art. 67 zukommen würde, keineswegs so leicht zu beantworten. Die Absicht des Ausstellers, nur einmal aus mehren Exemplaren obligirt zu werden, ist offenbar als ein Vorbehalt, eine Beschränkung der sonst aus der Ausstellung und Unterzeichnung vollständiger (art. 4 u. art. 96) Wechselurkunden entspringenden Verbindlichkeiten zu betrachten. Alle Indossanten, welche die mehren Exemplare an ein und dieselbe Person indossirt haben, erscheinen als solche, welche diese Absicht des Ausstellers gebilligt haben, welche diesem Vorbehalt beigetreten sind, welche dieselbe Beschränkung der aus ihrem Indossament entspringenden Verbindlichkeiten gewollt haben. Nimmt man nun an, es liege der deutschen Wechselordnung irgend eine der gangbaren Wechselvertragstheorien, sei es die in der französischen Jurisprudenz angenommene [2]), oder auch die neuerdings von Thöl [3]) vertheidigte, zu Grunde, so würde dieser

---

1) S. Thöl Handelsrecht Bd. II §. 280 B. Auch Jolly a. a. O. S. 29 u. f. erklärt, daß der Satz nr. 1 art. 67 „auch ohne besondere Rechtsvorschrift aus der Natur der Sache abgeleitet werden müßte.“

2) S. das französische Erkenntniß bei Brauer Einleitung zu seinem Kommentar, S. 22 nota 54. Außerdem Pardessus c. d. d. c. Nr. 341 über diverses inonciations facultatives.

3) Thöl Handelsrecht Bd. II §. 180 und Entwurf für Mecklenburg IX und namentlich §. 44: „Die gesetzlichen Rechte aus einem Wechsel können durch Zusätze ausgeschlossen oder beschränkt werden.“ Nach Thöls Theorie sind die gesetzlichen Rechte aus einem Wechsel im Grunde genommen nichts weiter, als Rechte, für deren Einräumung durch einen mittels des Gebens und Nehmens einer Urkunde geschlossenen Vertrag bis zum Beweise des Gegentheils die Vermuthung streitet. Diesen Beweis des Gegentheils selbst dann auszuschließen,

Vorbehalt, wenn er irgendwie klar und bestimmt auf den einzelnen Exemplaren ausgedrückt wäre, ganz unabhängig von den Bestimmungen in art. 67 und pos. 2 art. 66 den Aussteller und die Indossanten zu der hier in Frage stehenden Zahlungseinrede berechtigen. Der einzige Unterschied zwischen Tratte und Eigenwechsel, welcher durch die Nichtaufnahme der pos. 2 art. 66 und des art. 67 in den art. 98 begründet sein würde, bestände darin, daß bei Tratten der Aussteller und die Indossanten sich nur dann dieser durch ein anderes Exemplar zu beweisenden Zahlungseinrede bedienen könnten, wenn die in pos. 2 art. 66 vorgeschriebene Form der Duplikate streng eingehalten wäre, daß dagegen bei Eigenwechseln auch andere Formen für die Erklärung dieses Vorbehaltes auf den einzelnen Exemplaren mit demselben Erfolge gewählt werden dürften. So z. B. würde der Aussteller eines Eigenwechsels, wenn er die einzelnen Exemplare durch Ziffern in der Ueberschrift oder durch verschiedene Farben des Papiers bezeichnet, und irgendwie sonst deutlich auf die Absicht, daß, wenn eines dieser Exemplare bezahlt sei, die anderen kraftlos sein sollten [1]), hingewiesen hätte, nur einmal bezahlen müssen; es könnte von ihm der zweite legitimirte Inhaber, und wäre er noch so sehr in gutem Glauben, durch Vorzeigen des quittirten Exemplars zurückgewiesen, und in die übele Lage versetzt werden, von dem etwaigen Verbrecher volle Schadloshaltung, oder von dem Irrenden Herausgabe der Bereicherung [2]) im ordentlichen Civilwege

---

wenn er durch die Urkunde selbst erbracht wird, würde nach Thöls Theorie eine durch nichts zu rechtfertigende legislative Willkür sein.

1) Daß es dazu einer förmlichen s. g. **clausula cassatoria** nicht bedürfen würde, hat Jolly a. a. O. S. 16 §. 6 u. f. sehr treffend nachgewiesen. Die Numerirung der einzelnen Exemplare enthält unzweideutig ganz dasselbe, was die s. g. **clausula cassatoria** enthalten soll.

2) Die deutsche Wechselordnung fußt offenbar auf dem gemeinrechtlich nicht ganz unbestrittenen Satz: „daß jeder, der durch irgend welche von ihm nicht beabsichtigte Vorgänge ärmer geworden ist, von demjenigen, welcher sich gerade hiedurch mit seinem Schaden bereichern würde, dieses reine **lucrum** abfordern dürfe". Dieser Satz ist in art. 83 zu Gunsten des Wechselerwerbers positiv anerkannt; er muß aber auch zu Gunsten der Wechselschuldner gelten, weil sonst Bestimmungen, wie die in pos. 2 art. 66, daß der Formfehler in der Bezeichnung der Duplikate die Folge haben solle, daß jedes Exemplar als Solawechsel gelten solle und die in art. 82, wonach alle nicht wechselrechtlichen und nicht unmittelbar gegen den Kläger begründeten Einreden abgeschnitten sind, eine durchaus nicht zu rechtfertigende Härte enthalten würden. Ueber die gemeinrechtliche Begründung dieses Satzes s. Vangerow's Leitfaden Bd. I S. 499 §. 310 Ank. 3, wo auf fr. 206 de R. I. Bezug genommen wird; Roßhirt Archiv für civil. Praxis Bd. 34 Jahrgang 1851 Heft 1 S. 23, wo auf das kanonische Recht Bezug genommen wird. Gegen diesen gemeinrechtlichen

einklagen zu müssen. Dem Aussteller einer Tratte dagegen würde in gleichem Falle, wenn er sich auf den Vorbehalt berufen wollte, die Formvorschrift pos. 2 art. 66 im Wege stehen; es würde hier gerade der Aussteller trotz Vorzeigung des quittirten unförmlichen Duplikats zum zweiten Male einlösen müssen und so in die übele Lage versetzt sein, gegen den Verbrecher oder durch Irrthum grundlos Bereicherten klagend auftreten zu müssen [1]).

Aber diese Annahme, daß irgend eine von den bisher gangbaren Wechselvertragstheorien der deutschen Wechselordnung zu Grunde liege, ist entschieden unrichtig. Es ist vielmehr in der Wechselordnung ein Princip enthalten, welches mit allen bisherigen Wechselvertragstheorien, selbst mit der von Thöl in direktem Widerspruch steht. Der besondere Vorbehalt eines Wechselschuldners (Aussteller, Indossant, Acceptant), mag er auch noch so deutlich auf dem Wechsel selbst ausgedrückt sein, vermag nur in sofern die durch das Gesetz selbst normirten Rechte aus dem Wechsel zu beschränken, als er in der hiefür vom Gesetz selbst als wechselrechtlich wirksam vorgeschriebenen oder zugelassenen Form erklärt worden ist. Ob dieses Princip mit Einert's Theorie, daß der Wechsel kaufmännisches Papiergeld sei, zusammenhänge, kann man vorläufig dahin gestellt sein lassen. Jedenfalls ist soviel gewiß, daß dasselbe in der Konferenz mehrfach ausgesprochen wurde [2]), und in der Wechselordnung selbst nach dem argumentum a contrario dadurch anerkannt worden ist, daß in dem art. 22 pos. 2 eine Ausnahme von diesem Principe ausdrücklich hervorgehoben ist. Die Acceptation ist hienach die einzige Wechselerklärung, bei welcher der „Inhalt", sofern er nur überhaupt deutlich ist, ganz allgemein für wechselrechtlich bedeutungsvoll erklärt ist, während es bei allen andern Wechselerklärungen „Ausstellung und Indossament" auf den Inhalt der Erklärung,

---

Satz hat sich Wächter Erörterungen Bd. III ausgesprochen. — Zu bemerken ist hier noch, daß dieser Satz unter den geeigneten Voraussetzungen auch zu einer nicht wechselrechtlichen, aber nach art. 82 im Wechselprozesse zu opponirenden Einrede führen kann.

1) Daß die Verletzung der Formvorschrift pos. 2 art. 66 diese Folge habe, erkennt auch Jolly a. a. O. S. 15 an, und findet hierin eine unnöthige Strenge.

2) S. Brauer Einleitung zu seinem Kommentar pag. 23 nota 56. — Neuerdings hat Brauer aus diesem Principe eine Konsequenz gezogen über die Natur des s. g. Ratenwechsels. S. Archiv Bd. III S. 61. Wir werden unten Gelegenheit haben, zu zeigen, in welchem Zusammenhang dieses Princip mit der Tendenz der Wechselordnung, dem Wechsel gewisse Eigenschaften des Papiergeldes beizulegen, stehe.

abgesehen von den speciell durch das Gesetz zugelassenen oder für nothwendig erklärten Ausdrücken und Redewendungen, gar nicht ankommt, sofern dadurch gesetzliche Rechte des Inhabers geschmälert werden sollen. Hienach ist also, von den Bestimmungen art. 66 pos. 2 und art. 67 abstrahirt, anzunehmen, daß schlechterdings kein Indossant, und kein Aussteller berechtigt ist, dem legitimirten Inhaber eines Exemplars mit Hülfe eines andern Exemplars die wechselrechtliche Einrede der Zahlung zu opponiren, daß vielmehr die Thatsache der Einlösung eines Duplikats nur dazu dienen kann, um darauf civilrechtliche Ansprüche ex delicto, oder aus dem Faktum der grundlosen Bereicherung als Klagen oder nicht wechselrechtliche Einreden zu stützen. Hienach gestaltet sich denn der aus der Nichtaufnahme der pos. 2 art. 66 und des art. 67 pos. 1 in den art. 98 folgende Unterschied zwischen Tratte und Eigenwechsel folgendermaaßen. Bei der Tratte kann sowohl der Aussteller, als auch jeder Indossant, welcher ersichtlich mehre Exemplare an ein und dieselbe Person begeben hat, dem legitimirten Inhaber eines von mehren Exemplaren eine wechselrechtliche Einrede opponiren, wenn die Absicht, nur einmal aus den verschiedenen Exemplaren obligirt zu werden in gehöriger Form (pos. 2 art. 66) erklärt, und die Einlösung eines dieser Exemplare in gehöriger Form, z. B. durch Vorzeigung des quittirten Eexemplars (art. 39) bewiesen ist. Bei der Tratte trifft daher die Gefahr, die überhaupt durch verbrecherischen oder irrthümlichen Mißbrauch von Duplikaten entstehen kann, wenn sich der redliche und vorsichtige Geber von Duplikaten und der redliche und vorsichtige Nehmer eines einzelnen Exemplars gegenüber stehen, den letzteren; es ist ungefährlich, Duplikate in gehöriger Form zu geben, gefährlich, solche zu nehmen. Bei dem Eigenwechsel kann dagegen weder der Aussteller, noch irgend ein Indossant auf die Einlösung des einen Exemplars gegen den legitimirten Inhaber des andern Exemplars eine wechselrechtliche Einrede gründen, mag auch die Absicht, daß alle Exemplare ihre Kraft verlieren sollen, wenn nur eines eingelöst ist, in der pos. 2 art. 66 vorgeschriebenen oder einer noch deutlicheren Form ausgedrückt sein. Es ist daher unter allen Umständen gefährlich, Duplikate von Eigenwechseln zu geben, und vollkommen ungefährlich, solche zu nehmen. Was hier von Tratte im Gegensatze zum Eigenwechsel gesagt ist, gilt vollständig auch von dem legalen trassirt-eigenen Wechsel im Gegensatze zum domicilirt-eigenen Wechsel. Das Geben von legalen trassirt-eigenen Wechseln in mehren als Duplikaten gehörig bezeichneten Exemplaren ist, sofern nur eines oder keines derselben zum zweiten Male in der für den Accept vorgeschriebenen Form unterzeichnet ist, ohne erhebliche Gefahr für den Aussteller und diejenigen Indossanten, welche ihren Indossatar benennen; wohl aber ist das Nehmen eines einzelnen nicht acceptirten Exemplars, dessen Form auf die Existenz von Duplikaten nach Maßgabe der pos. 2 art. 66 hindeutet, mit der Gefahr für den Nehmer verbunden, daß er durch den verbrecherischen oder irrthümlichen Mißbrauch eines anderen Exemplars in die übele Lage komme, nicht aus dem Wechsel klagen zu können, und schließlich durch Civilklagen vollen oder theilweisen Schadensersatz suchen zu müssen. Das Geben eines domicilirten eigenen Wechsels in mehren Exemplaren ist dagegen unter allen Umständen, und mag noch so deutlich der Vorbehalt, nur einmal zahlen zu wollen, gemacht sein, für den Geber gefährlich, für den Nehmer gefahrlos.

Schließlich dürfte hier noch vor einem Irrthume zu warnen sein, welcher sehr nahe liegt. Man könnte diese Wirkungslosigkeit des Vorbehaltes, nur einmal aus mehren Exemplaren obligirt zu werden, für den Aussteller eines eigenen Wechsels daraus abzuleiten versucht sein, daß im Allgemeinen die Stellung des Ausstellers eines eigenen Wechsels dieselbe sei, wie die eines Acceptanten, und daß daher für den Aussteller von Duplikaten eigener Wechsel der Grundsatz nr. 2 der pos. 2 des art. 67 gelten müsse[1]). Dies ist aber vollkommen unrichtig. Wenn man wirklich den Satz annimmt, daß Alles, was die Wechselordnung über die rechtliche Stellung der Acceptanten sagt, auch vom Aussteller eines eigenen Wechsels zu verstehen sei, so würde hieraus gerade das umgekehrte Resultat hervorgehen. Die nr. 2 der pos. 2 art. 67 sagt, im Grunde genommen, weiter nichts, als daß die Unterzeichnung eines Trattenduplikats in der für die Acceptation vorgeschriebenen Form, ohne besonderen Vorbehalt, die Bedeutung habe, daß der Acceptant gerade dies Exemplar einlösen wolle, oder mit an-

---

1) Wir warnen hauptsächlich deshalb vor diesem Irrthume, weil gerade der einzige Schriftsteller, der bis jetzt die praktische Wichtigkeit des Nichtduplikabilität der Eigenwechsel hervorgehoben hat, Bluntschli, in seinem Kommentar der W. O., Erlangen 1852, S. 139, denselben zu theilen scheint. Denn er sagt: „Würde der Aussteller zwei Urkunden gleichen Inhaltes ausstellen, und diese durch Indossamente in verschiedene Hände gelangen, so würde der Aussteller gerade so riskiren, zweimal zahlen zu müssen, wie ein Trassat, der zwei Duplikate acceptirt hat."

dern Worten, daß er dem Vorbehalte des Ausstellers, liberirt zu sein, wenn nur eines, gleichviel welches der Exemplare bezahlt sei, für seine Person nicht beitrete. Es ist demnach die Undeutlichkeit der Willenserklärung, welche in der mehrmaligen Acceptation verschiedener Duplikate enthalten ist, sehr zweckmäßig durch das Gesetz beseitigt. Man kann es dem Accept nicht so, wie dem Indossamente ansehen, welcher Person in der Giroreihe zunächst die aus dieser Erklärung entspringenden Rechte eingeräumt sein sollen. Treten verschiedene legitimirte Inhaber acceptirter Duplikate auf, so ist es zweifelhaft, ob der Acceptant verschiedenen Personen den Accept gegeben habe, und also ebenso, wie derjenige, welcher die Exemplare an verschiedene Personen indossirte, den Vorbehalt des Ausstellers mißbilligte, oder ob er sein Accept nur einer Person gegeben habe, und dadurch stillschweigend dem Vorbehalte des Ausstellers beigetreten sei. Gerade dieser Zweifel wird durch eine dem Acceptanten ungünstige Auslegung seiner Erklärung durch das Gesetz beseitigt [1]). Damit ist aber durchaus nicht gesagt, daß der Acceptant, wenn er klar und deutlich seinem Accepte den Vorbehalt beifügt, auch dann liberirt zu werden, wenn er ein anderes, als das acceptirte Exemplar bezahlt habe, gleichwohl nicht auf ein solches anderes Exemplar eine wechselrechtliche Einrede der Zahlung stützen könne. Im Gegentheil, es muß nach pos. 2 art. 22 angenommen werden, daß ein solcher Vorbehalt z. B. „unter der Bedingung, daß ich mich auf die Bezahlung der Prima berufen kann, acceptire ich diese Sekunda" zwar den Präsentanten zum Regreß Mangels Annahme bererechtigt, aber keineswegs als wechselrechtlich wirkungslos zu betrachten ist. Der Aussteller eines eigenen Wechsels in mehren irgendwie als zusammengehörig bezeichneten Duplikaten müßte nun immer einem solchen Acceptan-

---

1) Thöl §. 280 nota 10 ist offenbar nicht konsequent, wenn er den Satz, daß aus mehrfacher Acceptation mehrmals gehaftet werde, schlechthin als unkonstruirbar hinstellt. Er müßte nach seiner Theorie beim Accepte ebenso, wie beim Indossamente distinguiren zwischen dem Falle, wo der Trassat den Accept verschiedenen Indossataren, und dem Falle, wo er ihn nur einem Indossatar oder dem Remittenten gegeben hat. Im ersteren Falle würde nach Thöl der Trassat augenscheinlich 2 Tratten, nämlich eine vom Trassanten gegebene, und eine zweite von demjenigen Indossanten, der zuerst an verschiedene Personen indossirt hat, gegebene acceptirt haben, folglich mehrmals haften. — Auch Jolly a. a. O. §. 8 begeht diese Inkonsequenz. Er leitet den Satz, daß der an verschiedene Personen Indossirende mehrmals haften müsse, aus der Natur der Sache ab, und spricht zugleich, daß der Satz pos. 2 nr. 2 art. 67 schlechterdings nicht auf der Natur der Sache beruhe.

ten, der seine Absicht, nur ein Exemplar einlösen zu müssen, als Beschränkung des Accepts ausgedrückt hat, verglichen werden; denn bei ihm ist die Person, die unmittelbar von ihm die Zusicherung wechselmäßiger Rechte erhalten hat, aus dem Wechsel zu ersehen, sodaß der Zweifel, ob er den Vorbehalt deutlich erklärt und gewollt habe, hier gar nicht entstehen kann. Wollte man daher von einer allgemeinen Gleichstellung der Acceptation und der Ausstellung eigener Wechsel, die übrigens nirgends in der Wechselordnung ausgesprochen ist [1]) ausgehen, so würde ungeachtet der nr. 2 pos. 2 art. 67 das Resultat zum Vorschein kommen daß der Aussteller und die Indossanten von Duplikaten eigener Wechsel ebenso wie die von Tratten, ja selbst dann, wenn statt der im art. 66 pos. 2 vorgeschriebenen Form der Duplitate eine andere denselben Sinn ausdrückende beobachtet ist, aus der Einlösung nur eines Exemplares eine wechselrechtliche Einrede gegen jeden auch den gutgläubigen Inhaber eines anderen Exemplars entnehmen könnten.

§. 8. Fortsetzung.

Ad II. Bei diesen Bestimmungen wird zwar die 1. von den oben erwähnten Thatsachen, nämlich die Ausstellung von Duplikaten, aber statt der zweiten eine durchaus andere unterstellt. Es wird unterstellt, daß der Nehmer von Duplikaten durchaus der Absicht

---

1) Gerade darauf, daß keineswegs eine allgemeine Gleichstellung der Verpflichtungen aus der Ausstellung eines eigenen Wechsels und aus der Acceptation einer Tratte, in der Wechselordnung ausgesprochen ist, beruht auch die übrigens sehr geringe praktische Bedeutung des Unterschieds zwischen Tratte und Eigenwechsel durch die Nichtacceptabilität des letztern in dem Sinne, daß er auch nicht einmal die rechtliche Möglichkeit eines Accepts zuläßt. Die Unterzeichnung eines Eigenwechsels auf der Vorderseite durch eine vom Aussteller verschiedene Person hat nicht etwa eine geringere Wirkung, als eine Acceptation, sondern in sofern eine weit stärkere, als sie als Mitausstellung eines Eigenwechsels gilt, und folgeweise etwaige Beschränkungen für nicht geschrieben erachtet werden. Abgesehen von dieser stärkeren Wirkung einer Unterschrift eines Eigenwechsels in den für den Accept vorgeschriebenen Formen würde sich gar keine rechtliche Bedeutung des von Einert in der 31. Sitzung der Konferenz (s. oben die 1. Note zu dem §. 5 dieses Kapitels) urgirten Satzes auffinden lassen, daß der Eigenwechsel auch sogar in sofern nicht acceptabel sei, als auf ihm eine Acceptation auch nicht einmal rechtlich möglich sei. Einert scheint übrigens früher in Betreff der rechtlichen Möglichkeit der Acceptation auf domicilirt-eigenen Wechseln anderer Meinung gewesen zu sein, als zur Zeit der Konferenz. Denn S. 71 seines Hauptwerks sagt er: „Auch der domicilirte eigene Wechsel und die gezogene Anweisung können acceptirt werden, und das kommt sehr oft vor."

des Ausstellers und weiteren Gebers derselben entsprechend, das eine Exemplar mit seinem Indossament versehen weiter gegeben und das andere an den Zahlungsort gesandt habe, damit es dort aufbewahrt werde, bis es schließlich wieder in die Hand des legimirten Inhabers des indossirten Exemplars gelange. Die Wechselordnung erwähnt zwar als Zweck der Versendung des nicht indossirten Exemplars lediglich: „die Präsentation zur Acceptation" art. 68 pos. 1 und art. 69 pos. 1 und pos. 2 nr. 1. Es läßt sich aber beweisen, daß der Zweck der Deposition [1]) des nicht indossirten Exemplars auch jeder beliebige andere sein dürfe, und daß die Rechte oder Bedingungen für Verbindlichkeiten, welche in art. 68 und art. 69 an die Thatsache, daß ein Exemplar indossirt, ein anderes in Verwahrung gegeben wird, angeknüpft werden, auch dann eintreten sollen, wenn der Zweck der Versendung des nicht indossirten Exemplars erklärtermaaßen oder nicht erklärtermaaßen ein ganz anderer ist. Dieser Beweis ergiebt sich folgendergestalt: Die art. 70 bis 72 unterstellen ebenfalls die Thatsache, daß von zwei gleichlautenden Wechselurkunden, die eine indossirt, die andere an den Zahlungsort gesandt und dort in Verwahrung gegeben werde, um von dem legitimirten Inhaber des indossirten Exemplars abgefordert zu werden. Ganz mit denselben Ausdrücken, wie in art. 68 und art. 69 wird auch in den art. 70 bis 72 als Zweck der Versendung des nicht indossirten Exemplars „die Präsentation zur Annahme" erwähnt. Gerade die Bestimmungen in art. 70 bis 72 sollen aber nach art. 98 nr. 8 auch auf Eigenwechsel anwendbar sein. Dies würde nun, weil Eigenwechsel nach der Wechselordnung schlechterdings nicht acceptabel sind, eine reine Absurdität enthalten, wollte man die in art. 70 bis 72 angeordneten Rechte oder Bedingungen für Verbindlichkeiten von der Voraussetzung abhängig machen, daß die Präsentation zur

---

1) Wir brauchen dies Wort nicht in dem Sinne, um dadurch den römischen Realkontrakt **depositum** im Gegesatze zum **mandatum** zu bezeichnen, sondern vielmehr als gleichbedeutend mit „in Verwahrung geben", um dadurch anzudeuten, daß der Empfänger nach der Absicht des Versenders nicht Eigenthümer des Papiers und nicht Gläubiger aus dem Papiere, sondern bloßer **detentor** des Papiers, und **procurator** des Gläubigers aus dem Papiere werden solle. Wenn im Verlaufe der Ausdruck Versendung, Versender gebraucht wird, so wird darunter immer dieses „in Verwahrung geben" verstanden, gleichviel ob übrigens das Papier dabei wirklich aus einer Stadt in eine andere geschickt wird, oder ob es inderselben bleibt. Ja es ist nicht ganz unmöglich, daß der Versender und Verwahrer ein und dieselbe Person ist, indem der Indossant ein nicht indossirtes Exemplar selbst als bloßer **detentor** und **procurator** des Indossatars behält.

Annahme der Zweck der Deposition des nicht indossirten Exemplars sei. Es sind demnach die in den art. 68 bis 72 enthaltenen Erwähnungen des Zwecks der Versendung des nicht indossirten Exemplars als bloße Beispiele zu betrachten, durch deren Anführung die Zulässigkeit anderer Zwecke [1]) nicht ausgeschlossen sein soll. Hieraus folgt dann, daß die Thatsachen, welche in den art. 68 und 69 unterstellt werden, auch bei eigenen Wechseln vorkommen können, und daß daher untersucht werden muß, wie die im art. 68 und 69 angeordneten Rechte oder Bedingungen für Verbindlichkeiten solcher Interessenten, die auch beim Eigenwechsel vorkommen können, sich zu den allgemeinen Prinzipien der Wechselordnung und zu dem Inhalte der art. 70 bis 72 verhalten.

Zuerst wird hier das Recht des legitimirten Inhabers des indossirten Exemplars gegen den Verwahrer des anderen Exemplars in Betracht kommen, welches in art. 68 pos. 2 angeordnet ist. Dies Recht ist kein wechselmäßiges d. h. im Wechselprozesse und mit einer Klage, gegen welche nur die im art. 82 erwähnten Einreden statthaft sind, zu verfolgendes Recht. Dies Recht ist eine civilrechtliche Eigenthumsklage, eine rei vindicatio [2]). Dies

---

1) Es würde zu weit führen, wenn wir uns hier über diese möglichen anderen Zwecke weiter verbreiten wollten. Wir verweisen daher auf Schiebe Lehre von den Wechselbriefen §. 232 Nr. 2 u. 3, wo einige dieser sonstigen Zwecke hervorgehoben werden. Einen von diesen erwähnt auch Thöl §. 282 Nr. 2. Von Wechselordnungen, welche dergleichen andere bei nicht acceptabeln oder bereits acceptirten Papieren denkbare Zwecke der Versendung eines nicht indossirten Exemplars kennen, dürfte wohl nur die Zürcher Wechselordnung anzuführen sein. Im §. 4 derselben heißt es: „Von Sola-Wechseln, Billets an Ordre, Assignationen u. s. f. können keine Sekunden, wohl aber Copien gegeben werden, deren Wirkung keine andere sein kann, als das Original, wenn solches Sicherheits wegen auf einen Platz direkt gesandt worden, bei dem darauf bezeichneten Hause zu beziehen.“ Aus dieser Stelle ergiebt sich recht schlagend das Unzureichende des Ausdrucks, wenn man die beiden Hauptgebrauchsarten mehrfacher Wechselurkunden dadurch scheidet, daß man die eine den Gebrauch zur Sicherheit, die andere den Gebrauch zur Bequemlichkeit nennt. Hier ist geradezu und offenbar mit Recht ein Fall des s. g. Gebrauchs zur Bequemlichkeit als ein Gebrauch „Sicherheits wegen“ bezeichnet worden. —

2) S. darüber Einert: das Wechselrecht rc. §. 87 S. 439: Treitschke Encyklopädie sub voce Duplikate S. 356 nr. 2 u. S. 360. Brauer's Kommentar zu art. 68 nr. 3. Auch nach Thöl, welcher eine Verpflichtung (d. h. eine kontraktliche) des Verwahrers gegen den Nehmer bestreitet, fällt dies Recht des Nehmers gegen den Verwahrer unter den Gesichtspunkt einer Vindikation §. 281 Nr. IV sagt er ausdrücklich, daß der Nehmer der Sekunda kraft constitutum possessorium Eigenthümer der Prima werde und §. 289 erkennt er das Vindikationsrecht des Eigenthümers im Allgemeinen an. — Jolly a. a. O. S. 22 u. S. 52 leugnet den Eigenthumsübergang an dem versandten Duplikate durch Indossament auf dem begebenen. Seine Gründe sind aus dem römischen Rechte über den Eigenthumsübergang an körperlichen

Recht des Inhabers des indossirten Exemplars gegen den Verwahrer des nicht indossirten würde auch dann anzunehmen sein, wenn die Bestimmungen über Duplikate gar nicht in die Wechselordnung aufgenommen wären. Nach art. 11 und art. 10 der Wechselordnung gehen *alle Rechte* aus dem Wechsel auch durch ein solches Indossament auf den Indossatar und jeden weiteren nach art. 36 legitimirten Inhaber über, welches nicht auf dem Wechsel selbst, sondern auf eine Kopie desselben gesetzt ist. Daß diese Kopie, welche das Indossament enthalten kann, gerade eine vom Indossanten selbst angefertigte sein müsse, ist *nicht* gesagt. Unter den Begriff der Kopie im Sinne des art. 11 fällt vielmehr jede mit dem Wechsel, der dadurch übertragen werden soll, gleichlautende Urkunde. Wenn daher einem Wechselnehmer Duplikate, gleichviel ob Trattenduplikate, oder Eigenwechselduplikate, gleichviel ob förmliche, nach pos. 2 art. 66 eingerichtete, oder formlose, im Falle eines *Mißbrauchs* als Solawechsel geltende, überliefert worden sind, und derselbe nur *eines* als den eigentlichen Wechsel, die Haupturkunde, ein anderes als die zum Träger *seines* Indossaments bestimmte Kopie behandelt, das erstere in die Hände eines *nicht* legitimirten Verwahrers, das letztere in die Hände eines legitimirten Inhabers gelangen läßt, so kann der letztere, wenn er diesen Vorgang irgendwie, sei es durch Vermerke auf seinem Exemplare, oder durch das Eingeständniß des Depositars, oder auf andere Weise beweist, schon nach art. 10

Sachen entnommen. Indessen dürfte sich aus art. 17 der W. O. („so überträgt das Indossament das *Eigenthum* an dem Wechsel *nicht*"), art. 36 u. art. 74 der Wechselordnung nachweisen lassen, daß die Wechselordnung hierüber wesentlich andere Prinzipien unterstellt. Der Satz, welchen *Thöl* in seinem Handelsrechte Bd. I §. 53 nr. 3 und nota 2, freilich ohne allen Beweis aufstellt, daß die Gläubigerschaft in Beziehung auf ein Forderungsrecht *ipso jure* mit dem Eigenthum an der Beweisurkunde für das Forderungsrecht verbunden sei, ist offenbar in der Wechselordnung als *wahr* und *richtig* unterstellt. Nach der Wechselordnung ist es als rechtlich unmöglich anzusehen, daß Jemand Gläubiger *aus* dem Wechsel sein könne, während ein Anderer Eigenthümer irgend eines zum Beweis dieser Forderung dienlichen Papierstreifens sei. Entweder ist der Besitzer des Papiers selbst Gläubiger oder er ist auch nicht Eigenthümer. Den inneren Zusammenhang dieses Satzes mit allgemeinen *modernen* Rechtsanschauungen nachzuweisen, würde hier zu weit führen. Es sei daher nur angedeutet, daß dieser Satz mit den in der *modernen* Kulturwelt gänzlich veränderten Begriffen über das Verhältniß von *Haupt-* und *Nebensache* bei *Schriften* jeder Art, und somit auch bei *Beweisurkunden* zusammenhängt. Man vergl. Gaj. libr. II §. 77; fr. 9 §. 1 de acq. rer. dom. (41,1), fr. 23 §. 3 de rei vind. (6,1) und ähnliche Aussprüche der Römer mit dem modernen Rechtsbewußtsein über das Eigenthum des Verfassers an seinen Manuskripten, über das Briefgeheimniß rc. rc. Vergl. auch *Puchta's* Vorlesungen Bd. I zu §. 37 S. 82.

und 11 der Wechselordnung die Herausgabe des deponirten Exemplars verlangen. Denn es sind auf ihn alle Rechte des Indossanten, folglich auch das Eigenthum an dem deponirten Exemplare übergegangen. Die pos. 2 in art. 68 hat demnach lediglich ein Recht, welches schon nach den sonstigen Grundsätzen der Wechselordnung für alle Duplikate gilt, in Beziehung auf formelle Trattenduplikate noch ausdrücklich anerkannt, und es begründet daher die Nichtaufnahme dieser Bestimmung in den art. 98 schlechterdings keinen Unterschied in den Rechtsfolgen der Tratte und des Eigenwechsels überhaupt, oder des trassirt- und des domicilirt-eigenen Wechsels insbesondere. Aber selbst dann, wenn man in pos. 2 art. 68 mehr als die Anerkennung eines schon aus art. 10 und art. 11 folgenden Vindikationsrechts, etwa die Anordnung einer quasi ex contractu entspringenden obligatio des Verwahrers gegen den Inhaber des indossirten Exemplars, finden wollte, würde durch die Aufnahme der pos. 1 art. 72 in den art. 98 dennoch dasselbe Resultat begründet sein. Durch pos. 1 art. 72 ist der Verwahrer des Originals verpflichtet, dem Inhaber einer mit einem oder mehren Originalindossamenten versehenen Kopie das Original auszuliefern. Ein Duplikat, welches von dem Versender als Begebungsinstrument benutzt ist, ist nun ganz offenbar eine Kopie in dem Sinne der pos. 1 art. 72; denn es wäre absurd zum Begriffe der Kopie im Sinne der pos. 1 art. 72 zu verlangen, daß dieselbe gerade vom Versender selbst, oder von einem Vormanne, der nicht der Aussteller ist, angefertigt sein müsse, und daß sie, wenn vom Aussteller selbst angefertigt, geringere Wirkung für den Erwerber haben solle.

Was nun die sonstigen durch art. 68 und art. 69 angeordneten Rechte oder Bedingungen für Verbindlichkeiten der Wechselinteressenten bei einem als Begebungsinstrument gebrauchten Duplikat betrifft, so beruhen dieselben insgesammt auf folgendem Satze: Es ist der besondere Vorbehalt des Indossanten, vermöge dessen dem Inhaber des indossirten Exemplars die Verpflichtung (Bedingung für seine Regreßrechte) auferlegt wird, das versandte Exemplar bei dem Verwahrer abzufordern, und sodann mit beiden Exemplaren den sonstigen dem Inhaber obliegenden Verpflichtungen (Präsentation rc.) nachzukommen, dergestalt für wechselrechtlich bedeutungsvoll erklärt, daß auf diesen Vorbehalt, unter gewissen Voraussetzungen sowohl von dem Indossanten selbst, als auch von seinen Vormännern und Nachmännern gewisse wechselrechtliche Einreden gestützt werden können. Da im Allgemeinen jeder besondere Vorbehalt eines Wechselschuldners, wenn es nicht der Acceptant einer Tratte ist, wechselrechtlich bedeutungslos ist, d. h. gar keine wechselrechtlichen jedem beliebigen, auch dem gutgläubigen Inhaber zu opponirende Einreden erzeugt, so kann es sich hier nur um die Frage handeln, ob die im art. 68 und art. 69 statuirten wechselrechtlichen Einreden der Unterzeichner eines mit diesem Vorbehalt indossirten Duplikats eines Eigenwechsels sich aus den analogen Bestimmungen in den art. 70 bis 72 ableiten lassen. Bei dieser Untersuchung ist, wie sich wegen der Nichtacceptabilität der Eigenwechsel von selbst versteht, bloß von denjenigen wechselrechtlichen Einreden zu sprechen, welche in den art. 68 und 69 gegenüber der Klage des Inhabers des indossirten Exemplars wegen Nichtzahlung angeordnet sind, da von den Einreden gegenüber der Klage wegen Nichtannahme ohnehin bei Eigenwechseln keine Rede sein kann.

Zunächst steht nun fest, daß dieser Vorbehalt dann keine wechselrechtlichen Einreden erzeugt, wenn er nicht von dem Indossanten auf dem indossirten Exemplare dadurch ausgedrückt ist, daß auf demselben bemerkt ist, wo das in Verwahrung gegebene Exemplar zu finden sei. Dieser Satz gilt offenbar für eigene Wechsel ebensowohl, als für Tratten. Er folgt aus art. 68 pos. 1 ebensowohl, als aus art. 70 pos. 2, und stimmt mit dem allgemeinen Prinzipe der Wechselordnung, wonach die Wirksamkeit jeder Beschränkung wechselmäßiger Verbindlichkeiten, mit alleiniger Ausnahme der des Acceptanten, von der Beobachtung bestimmter in der Wechselordnung zugelassener Formen abhängig ist, vollständig überein. Daher ist der Inhaber eines indossirten Trattenduplikats ebenso, wie der Inhaber eines indossirten Eigenwechselsduplikats, wenn die betreffende Notiz des Versenders fehlt, zwar berechtigt, das versandte Exemplar abzufordern; aber es kann ihm wegen der Nichtausübung dieses Rechts schlechterdings keine wechselrechtliche Einrede opponirt werden. Er kann, ohne sich um das Schicksal des deponirte Exemplars zu bekümmern, schlechthin gegen alle Personen wechselmäßig klagen, welche das indossirte Exemplar als Wechselschuldner unterschrieben haben. Daß dieser Klage jede aus anderen Umständen, als dem Vorbehalte, zu entnehmende Einrede, z. B. die aus art. 67 folgende Einlösungseinrede, wenn das Papier ein formgerechtes Trattenduplikat ist, oder die nicht wechselrechtliche Einrede des Versuchs, einen Betrug zu begünstigen, oder sich grundlos auf Kosten des Verklagten zu bereichern, opponirt werden kann, versteht sich dabei von selbst, und ändert an dem Prinzipe der wechselrechtlichen Bedeutungslosigkeit dieses Vorbehaltes nichts.

Ist dagegen der betreffende Vorbehalt von dem Indossanten in der gehörigen Form ausgedrückt, so darf derselbe jedenfalls, mag er sich nun auf einem als Tratte oder als Eigenwechsel geformten Papiere befinden, nicht von dem Inhaber unberücksichtigt gelassen werden, da demselben sowohl in dem art. 69, welcher bloß für Tratten gilt, als auch im art. 72, welcher ebensowohl für Tratten als für Eigenwechsel gilt, wechselrechtliche Bedeutung beigelegt ist. Nach art. 72 pos. 2 soll der Inhaber eines Papiers, wenn dasselbe sich als ein Begebungsinstrument für ein an den Zahlungsort versandtes Original durch den hier in Rede stehenden Vorbehalt ausweist, durchaus nicht die Rechte haben, welche sonst nach art. 75 aus einem theils mit ächten, theils mit unächten Unterschriften versehenen, übrigens vollständigen Wechsel für den Inhaber folgen würden. Nach art. 75 würde der Inhaber eines vom Aussteller nicht angefertigten, wohl aber mit Originalindossamenten versehenen Papiers, berechtigt sein, dasselbe zur Zahlung zu präsentiren und dann auf Grund des Protestes Mangels Zahlung gegen alle diejenigen Indossanten, deren Originalindossamente auf der Kopie befindlich sind, Regreß Mangels Zahlung zu erheben. Dieses Recht des Inhabers wird durch art. 72 pos. 2, für den Fall, wenn sich der hier in Rede stehende Vorbehalt auf dem Papiere befindet, schlechthin abgeschnitten. Es wird ihm aber, damit er nicht durch einen dolus oder ein Versehen des Versenders oder des Verwahrers ganz ohne seine Schuld zu Schaden kommen könne, das Recht eingeräumt, gegen seine Vormänner bis zu dem Versender, diesen mit eingeschlossen, auf den Protest wegen vergeblicher Abforderung des angeblich versandten Exemplars ganz ebenso Regreßansprüche erheben zu können, als wenn er sich wirklich in den Besitz des versandten Exemplars gesetzt und mit diesem vergeblich Zahlung gefordert hätte. Dies und nichts Anderes dürfte der Sinn der pos. 2 art. 72 sein. Unter Originalindossamenten sind nämlich nur die Indossamente des Versenders und seiner Nachmänner[1]), nicht aber etwa Indossamente der Vor-

1) Jolly a. a. O. S. 34 bemerkt sehr richtig, daß die Erkennbarkeit des Versenders aus der Notiz nicht immer, ja nicht einmal in der Regel stattfinde. Wo es nicht ersichtlich ist, wer der Versender ist, dürfte wohl derjenige als solcher zu präsumiren sein, dessen echte Unterschrift die frühste oder älteste ist.

männer des Versenders zu verstehen. Wollte man den Ausdruck Originalindossamente im art. 72 pos. 2 nicht als gleichbedeutend mit Indossamenten des Versenders und seiner Nachmänner, sondern im buchstäblichen Sinne nehmen, so müßte man annehmen, daß auch gegen die Vormänner des Versenders, wenn ihre Unterschriften echt sind, von jedem Inhaber, ja sogar vom erklärten Versender selbst auf den bloßen Protest Mangels Ablieferung des' Originals Regreß genommen werden könnte — ein Resultat, welches jeder denkbaren inneren Begründung entbehren würde.

Abstrahirt man nun vorläufig von dem besonderen Rechte des art. 69 für formgerechte Trattenduplikate, so fällt jedes mit dem betreffenden Vorbehalte indossirte Duplikat unter den Begriff der Copie im Sinne der pos. 2 art. 72, und erzeugt die hier angeordneten Rechte. Die Bemerkung über den Ort, wo das versandte Exemplar zu suchen ist, giebt sogar den im art. 70 pos. 1 gefoderten Abschnitt, bis wohin das Exemplar als Copie im Gegensatze zum Original zu betrachten sein soll, insofern genügend an, als überhaupt ersichtlich ist, von wem diese Bemerkung herrührt. Alle Personen, welche ersichtlich vor dieser Bemerkung das Papier unterschrieben haben, haften dann aus diesem als bloßes Indossirungsinstrument benutzten Exemplare gar nicht [1]), der Versender selbst aber und seine Nachmänner haften auch aus diesem, wenn der art. 69 Nr. 1 beschriebene Protest zur Stelle geschafft wird. Hiermit muß es nun bei allen Eigenwechselduplikaten und bei formwidrigen Trattenduplikaten lediglich sein

---

1) Hiebei kann es auffallend erscheinen, daß den Vormännern des Versenders eine ihnen völlig fremde Handlung eines Dritten, nämlich die Notiz des Versenders dergestalt zu Gute kommen soll, daß ihre an sich echten Unterschriften **ex post** zu bloßen Bestandtheilen einer Kopie herabsinken. Allein man bedenke Folgendes: Wer formwidrige Trattenduplikate oder beliebig geformte Eigenwechselduplikate, als solche, nimmt, ist immer, wenn nicht erzwingbar verpflichtet, so doch mindestens als ermächtigt anzusehen, mit diesen Papieren solche Veränderungen vorzunehmen, daß die Benutzung der mehrfachen Exemplare als ebenso vieler Sola-Wechsel fortan unmöglich werde. Gesetzt z. B. es seien ihm wegen einer bestimmten Gefahr (Krieg oder Schiffbruch) auf verschiedenem Wege zwei solche Exemplare zugesandt, und beide unversehrt angekommen, so wird er gewiß einen in der Natur der Sache liegenden Auftrag aller seiner Vormänner erfüllen, wenn er eines von diesen beiden Exemplaren alsbald ganz zerstört. Ebenso wird er aber auch einen solchen Auftrag vollziehen, wenn er eines von diesen Exemplaren so umformt, daß es jeder als ein bloßes Indossirungsinstrument, als eine Kopie, erkennen muß, auf welcher alle Unterschriften, die sich vor seinem Indossamente befinden, als unechte, unverbindliche Unterschriften zu betrachten sind.

Bewenden behalten. Dagegen für formgerechte Trattenduplikate treten die besonderen Rechtsfolgen des art. 69 ein, dergestalt, daß erstens auch der Versender und seine Nachmänner noch die weitere wechselrechtliche Einrede wegen Nichtaufnahme des Nr. 2 art. 69 beschriebenen Protestes erhalten, und zweitens, daß auch die Vormänner des Versenders auf Grund des indossirten Exemplars, wenn beide Proteste erhoben sind, belangt werden können. Es ist demnach durch art. 69 eine mildere Haftbarkeit des Versenders und seiner Nachmänner, und eine strengere Haftbarkeit des Ausstellers und der Vormänner des Versenders im Falle eines als Indossirungsinstrument benutzten formgerechten Trattenduplikats angeordnet, als nach den für Tratten und Eigenwechsel gemeinsam geltenden Grundsätzen der pos. 2 art. 72 anzunehmen sein würde. Es ist somit durch die Nichtaufnahme des art. 69 in den art. 98 allerdings ein Unterschied in den Rechtsfolgen zwischen Tratte und Eigenwechsel überhaupt und zwischen legalem trassirt-eigenem nnd domicilirt-eigenem Wechsel sanctionirt. Wenn bei dem letztern ein Nehmer von Duplikaten, gleichviel ob sie nach pos. 2 art. 66 eingerichtet sind oder nicht, das eine versandt, das andere mit der Bemerkung, wo das Versandte zu finden sei, indossirt hat, so hat der Inhaber dieses indossirten Exemplars lediglich die Rechte aber auch nur die Pflichten, die er nach pos. 2 art. 72 haben würde, wenn das Duplikat von dem erklärten Versender selbst angefertigt worden wäre, folglich vor der Unterschrift des Versenders lauter unechte Unterschriften trüge. Wenn dagegen bei dem erstern, bei einem legalen trassirt-eigenen Wechsel ein Nehmer von Duplikaten, welche nach Vorschrift der pos. 2 art. 66 eingerichtet sind, das eine versandt, das andere mit der hier in Rede stehenden Notiz indossirt hat, so hat der Inhaber des letztern, gegenüber den Vormännern des Versenders mehr Rechte, und gegen den Versender und seine Nachmänner mehr Pflichten, als er nach art. 72 pos. 2 haben würde, wenn der Versender das Indossirungsinstrument selbst angefertigt hätte. Der innere Grund für diesen durch art. 69 begründeten Unterschied geht sehr deutlich aus der Verschiedenheit der rechtlichen Behandlung der förmlichen Trattenduplikate und aller übrigen Duplikate (formloser Trattenduplikate und Eigenwechselduplikate) im Falle eines Mißbrauchs derselben hervor. Bei den letzteren kann der Mißbrauch, wie oben gezeigt, sehr leicht die Folge haben, daß der redliche und vorsichtige Geber mehrfach einlösen oder für Einlösung sorgen muß, bei den erstern wird diese Gefahr durch die Befugniß der wechselrechtlichen Einrede, welche aus der Einlösung eines entsprechenden andern Exemplars entnommen wird, sehr bedeutend ermäßigt. Deshalb konnte bei den letztern, obgleich ein Exemplar ersichtlich als bloßes Indossirungsinstrument gebraucht ist, dem Inhaber desselben die eventuelle Pflicht auferlegt werden, den Versuch zu machen, auf dasselbe gerade so, als wäre es das Hauptexemplar, Einlösung zu begehren, und, wenn auch dieser Versuch mißlungen, gegen alle Vormänner, auch die des Versenders, Regreß zu nehmen. Denn gerade hierdurch wird, wenn in der That das versandte Exemplar nicht mißbraucht, sondern vielleicht bloß verlegt, oder zerstört ist, das Wechselgeschäft der Intention der Interessenten völlig entsprechend abgewickelt; wenn dagegen in der That das angeblich versandte Exemplar mißbraucht ist, z. B. durch den angeblichen Versender indossirt und zur Einlösung gekommen ist, so wird hierdurch die Gefahr der redlichen Geber der Duplikate, weil ihnen ja immer noch die aus art. 67 entspringende Einrede zusteht, nicht allzu sehr vergrößert und doch zugleich ein Weg eröffnet, denjenigen, welcher den Mißbrauch verübt hat, nach Nr. 1 pos. 2 des art. 67 wechselmäßig belangen zu können. Bei den ersteren dagegen (Eigenwechselduplikaten und formlosen Trattenduplikaten) treffen diese Erwägungen, welche das besondere Recht des art. 69 rechtfertigen, durchaus nicht zu. Hier würde der eventuelle Versuch, auf das Exemplar, das ersichtlich bloßes Indossirungsinstrument sein sollte, Einlösung zu erlangen, offenbar der Versuch sein, einen möglichen Mißbrauch des versandten und nicht ausgelieferten Exemplars zu begünstigen, da dieses letztere Exemplar jedenfalls eingelöst werden müßte, wenn auch bereits auf das indossirte die Einlösung erfolgt wäre.

§. 9. Schluß.

Ad III. Das Recht auf Duplikate, welches im art. 66 pos. 1 und 3 angeordnet wird, ist kein Recht aus dem Wechsel; es ist auch kein Recht aus einem Wechselvertrage (contractus cambialis) im Sinne der von Thöl aufgestellten Vertragstheorie; es ist überhaupt kein wechselmäßiges, im Wechselprozesse und mit einer in Betreff der Einreden unter art.. 83 der W. O. fallenden Klage zu realisirendes Recht. Es ist vielmehr ein Recht aus einem unter die Regeln des Civilrechts fallenden Vertrage über das Geben und Nehmen eines Wechsels, aus dem Wechselschlusse, dem s. g. pactum de cambiando [1]). Durch pos. 1 und pos. 3 des art. 66 ist lediglich der Inhalt dieses Kontrakts dahin näher bestimmt, daß überall, wo überhaupt ein solcher Kontrakt erweislich die Lieferung einer Tratte zum Gegenstande hatte, eine praesumptio juris, ja in gewissem Sinne sogar eine praesumptio juris et de jure dafür streiten soll, daß der Geber keine Sola-Tratte, sondern formgerechte Trattenduplikate zu liefern versprochen habe. Eine s. g. praesumptio juris ist hierdurch angeordnet, indem jeder, welcher beweist, daß ihm das Geben einer Tratte versprochen ist (ein Beweis, welcher sowohl durch Vorlegung der ersichtlich aus der Hand des Verklagten in die Hand des Klägers gelangten Tratte, als auch durch jedes beliebige andere Beweismittel zu erbringen ist), durchaus nicht zu beweisen braucht, daß ihm dabei die Lieferung von Duplikaten versprochen ist, um sich zur Klage auf Lieferung von Duplikaten zu legitimiren. Eine praesumptio juris et de jure liegt aber in den Anordnungen der pos. 1 und pos. 3 art. 66 wenigstens insofern, als derselbe auch dann zur Klage auf Lieferung von Duplikaten legitimirt ist, wenn der Verklagte zu beweisen vermöchte, daß im vorliegenden Falle das Versprechen Duplikate zu liefern, ganz sicher nicht gegeben sei. Mehr als diese praesumptio juris et de jure über den Inhalt eines Wechselschlusses über Geben und Nehmen einer Tratte, liegt ganz gewiß nicht in den Bestimmungen der pos. 1 u. pos. 3 des art. 66. Es wird daher das Recht auf Duplikate zunächst gar nicht begründet sein, wenn feststeht, daß überhaupt kein Wechselschluß zwischen Kläger und Verklagten zu Stande gekommen ist, wenn z. B. Kläger nur scheinbar unmittelbarer Nehmer aus der Hand des Verklagten ist, während in der That eine Person als Blankoindossatar dazwischen steht [2]). Es wird diesem Rechte aber auch jede aus der Natur des Wechselschlusses entspringende

---

1) Jolli stellt die Sache a. a. O. S. 11 im Wesentlichen ebenso dar.

2) Man denke sich folgenden Fall: A beweist gegen B, daß er sein unmittelbarer Nehmer sei, dadurch daß er eine Tratte vorlegt, auf welcher B als Indossant und A als Indossatar in einem Indossament zusammen stehen. B führt Gegenbeweis dadurch, daß er mit Hülfe seiner Handelsbücher oder durch Zeugen darthut, daß er die Tratte dem C in blanco indossirt habe, und daß dieser nicht als sein Mandatar, sondern als Eigenthümer des Papiers das Indossament auf B ausgefüllt habe. Hier wird A wegen widerlegten faktischen Klaggrundes abzuweisen sein.

Einrede, z. B. die exceptio doli wegen nicht erfüllten Vertrags, die Einrede des ausdrücklichen Verzichts ꝛc. entgegengehalten werden können. Ueberhaupt wird aber die Ausübung dieses Rechtes im Wege gerichtlichen Zwangs stets von der Voraussetzung abhängig sein, daß der Kläger in concreto ein in Geld abzuschätzendes rechtliches Interesse an dem Besitze der verlangten Duplikate habe, da schließlich bei fortgesetzter Weigerung des Verklagten, doch nur der nachweisbare Vermögensschaden als Schuldobjekt in Betracht kommen kann [1]).

Daß nun dieses Recht auf Duplikate jedenfalls nicht bei Eigenwechseln, d. h. bei Verträgen über das Geben und Nehmen eines Eigenwechsels statt findet, versteht sich ganz von selbst. Es wird dies nicht einmal von denen angenommen, welche im Allgemeinen die für Trattenduplikate geltenden Grundsätze für anwendbar auf eigene Wechsel halten [2]). Offenbar ist das Recht auf Duplikate nur deshalb als ein auch ohne besondere Zusicherung kraft Rechtsvorschrift aus dem Wechselschlusse über eine Tratte hervorgehendes Recht angeordnet, weil einestheils schon nach kaufmännischem Gebrauche diese Zusicherung herkömmlich, thatsächliche Regel ist, und weil anderntheils die Lieferung von formgerechten Trattenduplikaten für den Geber gefahrlos ist, so daß die Weigerung, solche zu liefern, als bloße Chikane, als eine den Geschäftsverkehr störende Ungefälligkeit erscheint. Von beiden Gründen trifft aber, wenn es sich um einen Eigenwechsel, und wäre es auch ein domicilirter Eigenwechsel, handelt, das direkte Gegentheil zu. Bei Eigenwechseln wird so selten im thatsächlichen Geschäftsverkehre die Lieferung von Duplikaten verabredet, daß im kaufmännischen Sprachgebrauche die Ausdrücke Solawechsel und Eigenwechsel für identisch gelten [3]). Sodann aber ist oben sub II nachgewiesen, daß nach der deutschen Wechselordnung auch das Geben von Eigenwechselduplikaten

---

1) Dies scheint Bluntschli a. a. O. S. 109 andeuten zu wollen, wenn er die Klage zur Geltendmachung des Rechts auf Duplikate eine „Entschädigungsforderung" nennt. An sich ist die Klage, mit der das Recht auf Duplikate geltend zu machen ist, keine Entschädigungsklage, sondern eine auf Erfüllung einer faciendi obligatio gerichtete Klage, weil bekanntlich das Prinzip des fr. 13 §. 1 de re judicat. 42,1 durch gemeine Praxis geändert ist. S. Puchta Pandekten. §. 239 nota d.

2) S. Jolly a. a. O.

3) Thöl Handelsrecht Bd. II §. 269 nota 4. Brauer Kommentar zu §. 66.

stets mit denselben Gefahren verbunden ist, wie das Geben formloser Trattenduplikate.

Es begründet demnach dieses Recht auf Duplikate einen wesentlichen Unterschied zwischen dem legalen trassirt-eigenen und dem domicilirt-eigenen Wechsel. Der Wechselschluß, wodurch die Lieferung eines legalen trassirt-eignen Wechsels verabredet ist, begründet den Anspruch auf Duplikate, auch ohne daß darüber etwas ausgemacht ist, während der Wechselschluß, wodurch die Lieferung eines domicilirt-eigenen Wechsels verabredet ist, einen solchen Anspruch nur dann begründet, wenn der Geber diese Verpflichtung ausdrücklich übernommen hat.

§. 10. Wechsel an eigene Ordre.[1])

Die pos. 1 des art. 6 enthält die Bestimmung, daß sich der Aussteller einer Tratte selbst als Remittenten bezeichnen könne. Im art. 98 ist diese Bestimmung übergangen worden. Keiner der Kommentatoren der deutschen Wechselordnung hat sich darüber ausgesprochen, ob dies Schweigen des art. 98 der W. O. über die Anwendbarkeit der pos. 1 des art. 6 die Bedeutung habe, daß es sich ganz von selbst verstehe, daß der Aussteller eines eigenen Wechsels sich selbst als Promissar bezeichnen könne, oder ob umgekehrt dadurch angedeutet sein soll, daß dem Aussteller eines eigenen Wechsels diese Befugniß nicht zustehen solle. Auch die Konferenzprotokolle und die Motive zu dem preußischen Entwurfe enthalten über diese Frage keine direkten Aussprüche.

Um diese Frage gehörig zu würdigen und zu entscheiden, ist es nothwendig zu untersuchen, ob und in wie weit der deutschen Wechselordnung die Tendenz zu Grunde liege, den Wechsel dem Papiergelde anzunähern, gleichzustellen, oder gar vielleicht als

---

1) Erst nach Vollendung dieses Aufsatzes kam dem Verfasser die Mittheilung Dr. C. Trummer im Archive Bd. III Heft 1 Nr. VII zu Gesichte, wonach die hier behandelte Rechtsfrage bereits mehrfach Gegenstand gerichtlicher Entscheidung gewesen ist. Die von Trummer mitgetheilten widersprechenden Erkenntnisse zeigen recht deutlich, wie nothwendig es ist, bei der Untersuchung über diese Rechtsfrage näher auf die Tendenz der Wechselordnung in Beziehung auf die Gleichstellung des Wechsels mit dem Papiergelde einzugehen. Läßt man diese Tendenz außer Acht, so kann mit denselben Argumenten für und gegen ein Verbot der eigenen Wechsel an eigene Ordre durch den Wortlaut der W. O. gestritten werden. Es bleibt absolut ungewiß, ob die pos 1 art. 6 etwas Besonderes oder etwas sich von selbst Verstehendes habe anordnen wollen.

eine bloße species des Papiergeldes zu betrachten, und von diesem Grundgedanken aus, die Rechtsfolgen des Wechsels näher zu bestimmen.

Hier ist zunächst soviel gewiß, daß, wenn man Papiergeld in einer so engen Bedeutung nimmt, wie Thöl [1]), welcher nur diejenigen Urkunden Papiergeld nennt, welche kraft Rechtsvorschrift dem Gläubiger, welcher baares Geld zu fordern hat, nach einem gesetzlich festgestellten Werthe, statt baaren Geldes aufgedrungen werden können, die Wechselordnung ganz sicher nicht

---

1) Thöl Handelsrecht Bd. I §. 51 u. §. 113. Im §. 51 sagt derselbe: „Kreditpapiere sind übrigens an sich nicht Geld; Banknoten als solche sind nicht Geld, und ein Papier, welches derjenige, der auf Geld ein Recht hat, nicht nehmen muß, sondern zurückweisen darf, ist kein Papiergeld, das Papiergeld hat seinem Begriff nach einen Zwangskours." Bd. II §. 149 Note 1 sagt er: „Der Wechsel, welcher, wenn er Geld ist, augenscheinlich papiernes Geld ist, ist aber entschieden nicht Geld. Denn ein Wechsel kann nicht wie Papiergeld statt gemünzten Geldes aufgedrungen werden." Thöl macht demnach den Zwangskurs im eigentlichen Sinne, wie ihn v. Savigny Obligationenrecht Bd. I §. 42 als etwas höchst Abnormes, Ungesundes schildert, zum charakteristischen Merkmale des Papiergeldes. Denn daß Thöl nicht etwa unter Zwangskurs eine Rechtsvorschrift versteht, wonach Papiergeld zum unzweifelhaften wirklichen Kurswerthe aufgedrungen werden könnte, geht gerade daraus hervor, daß er Banknoten und Wechseln den Zwangskurs abspricht. In diesem Sinne haben nämlich Banknoten und Wechsel ganz entschieden für große Zahlungen unter Kaufleuten kraft Usanz überall Zwangskurs, indem ein Kaufmann, welcher eine große Summe Geldes von einem andern zu fordern hat, ganz zweifellos sich befriedigt erklären muß, wenn ihm diese Summe in solchen Banknoten oder Wechseln zum Tageskurse am Zahlungsorte offerirt wird, welche unbestrittenermaaßen überhaupt einen solchen Kurswerth haben. Denkt man sich diese Usanz weg, so würde ein größerer Handelsverkehr absolut unmöglich sein, weil dann sehr große Summen Geldes häufig von dem reichsten Kaufmanne schlechterdings nicht beschafft werden könnten. Ueberhaupt aber dürfte die Frage, ob Urkunden, wenn sie an einem Orte einen unzweifelhaften in jedem Momente genau bestimmbaren Kurswerth haben, wie das bei guten d. h. von bekannten Firmen mehrfach garantirten Wechseln eben sowohl, als bei Banknoten und Staatspapiergeld der Fall sein kann, an diesem Orte zu diesem Kurswerthe statt gemünzten Metallgeldes einem Gläubiger als Zahlung aufgedrungen werden können, eine sehr müßige und überflüssige sein. Denn wohl wird es schwerlich einem Gläubiger einfallen, wenn er über den Werth der Urkunde kein Bedenken hat, dieselbe als Zahlung zurückzuweisen, und es auf einen Rechtsstreit ankommen zu lassen. Unter Zwangskurs im eigentlichen Sinne ist daher nicht die sich ohnehin von selbst verstehende, oder mindestens überflüssige Bestimmung zu verstehen, daß eine Urkunde, wenn sie einen festen oder doch für jeden Ort und jeden Moment berechenbaren Kurswerth erlangt habe, zu diesem als Zahlung aufgedrungen werden könne; es ist vielmehr darunter die sich durchaus nicht von selbst verstehende und sogar mit den allgemeinen Prinzipien der Gerechtigkeit im Widerspruch stehende Bestimmung zu verstehen, daß eine Urkunde zu einem vom Gesetze selbst festgestellten Werthe (Zwangskurs, obligatorischer Tarif) statt gemünzten Metallgeldes als Zahlung aufgedrungen werden könne, und zwar auch dann, wenn der für dieselbe als Waare zu erzielende Werth ein geringerer sein sollte, wenn sie erweislich entweder gar keinen festen oder berechenbaren Kurswerth, oder einen geringeren Kurswerth haben würde.

den Wechsel dem Papiergelde annähern oder gleichstellen wollte. Auf der anderen Seite ist aber eben so gewiß, daß die Wechselordnung, wenn man unter Papiergeld jede zur Vornahme von Zahlungsgeschäften[1]) bestimmte und dazu wirklich brauchbare Schuldurkunde verstehen will, allerdings den Wechsel nicht nur dem Papiergelde annähern und gleichstellen wollte, sondern sogar denselben in der That als eine bloße species des Papiergeldes qualificirt hat. Auf diese Brauchbarkeit der Wechsel zu Zahlungsgeschäften zielen geradezu alle Bestimmungen der deutschen Wechselordnung ab, wodurch der Wechsel sich von anderen civilrechtlichen Schuldurkunden auszeichnet; so schon die Entbehrlichkeit der Angabe einer causa debendi, die Ausschließung der Einreden ex persona indossantis (art. 82), Bestimmungen, welche sich fast in jedem positiven Wechselrechte, mag es auf Gesetz oder Usanz beruhen, bald mehr, bald weniger scharf[2]) ausgeprägt

---

1) In diesem Sinne nehmen Einert (in seinem mehrfach angeführten Werke: „Das Wechselrecht nach dem Bedürfnisse rc.") und Brauer (in seinem Kommentar S. 13) den Begriff des Papiergeldes, obwohl dieselben nicht eigentlich eine solche Definition aufstellen. Offenbar hat aber die von Einert zuerst durchgeführte und von Brauer adoptirte Behauptung, daß der Wechsel, wenigstens die Tratte, schon nach allgemeiner Wechselrechtstheorie eine bloße species des Papiergeldes sei, überhaupt nur dann einen Sinn, wenn man Papiergeld in diesem Sinne nimmt. Unter Zahlungsgeschäft darf man jedoch, wenn man von der Bestimmung und Brauchbarkeit einer Urkunde zu Zahlungsgeschäften, oder was dasselbe heißt, als Zahlungsmittel redet, nicht etwa das verstehen, was der Römer solutio nennt, wie dies Thöl Handelsrecht §. 112 u. f. zu thun scheint. Ein Zahlungsgeschäft, eine Zahlung im eigentlichen Sinne, wie er im Geschäftsleben feststeht, ist vielmehr das, was der Römer numerkatio oder datio pecuniae nennt. Es ist dasjenige Geschäft, vermöge dessen ein bloß quantitativ, durch eine auf den allgemein angenommenen Werthmesser (Gold in den Gold-, Silber in den Silber-Ländern) deutende Zahl bestimmtes Vermögensstück von einer Person auf eine andere übertragen wird, dergestalt, daß die letztere, wenn sie dasselbe zu fordern hatte, befriedigt ist, und wenn sie es nicht zu fordern hatte, und auch nicht geschenkt erhalten sollte oder konnte, es der erstern schuldet. Zu Zahlungen, zu Zahlungsgeschäften in diesem Sinne, wenn auch nicht zwischen allen beliebigen Personen, so doch zwischen bestimmten Personen, zwischen dem Trassanten und Remittenten einerseits, und dem Trassaten und Trassanten andererseits ist die Tratte, wenn man die Regel ins Auge faßt, bestimmt und brauchbar, und zwar nicht bloß nach einzelnen Wechselrechten, sondern nach jedem Wechselrechte, nicht bloß nach den neusten Gestaltungen des Wechselrechts, sondern ganz gewiß schon beim ersten Auftreten des Instituts in der Geschichte. — Im Verlauf dieser Betrachtungen legen wir den Begriff von Zahlung, Zahlungsmittel so zu Grunde, wie er hier von uns definirt ist. Geld (d. h. gemünztes Metall) ist alsdann das einzige natürliche Zahlungsmittel, weil, ohne dessen Existenz zwar sonstige Geschäfte, wodurch Vermögensstücke übertragen werden, aber ganz gewiß keine Zahlung möglich ist. Das Papiergeld fällt alsdann nebst dem Wechsel und noch manchen anderen Urkunden (z. B. s. g. kaufmännischen Anweisungen) unter den generellen Begriff des künstlichen, papiernen Zahlungsmittels. —

2) Das englisch-amerikanische Wechselrecht stellt diese Entbehrlichkeit der An-

wiederfinden. Ganz besonders aber zielen auf diese Brauchbarkeit des Wechsels zur Vermittelung von Zahlungsgeschäften diejenigen Bestimmungen der deutschen Wechselordnung ab, wodurch sie sich von ältern positiven Wechselrechten auszeichnet und mit den gangbaren Theorien über den Wechselkontrakt in Opposition setzt. Hierher gehört ganz besonders das bereits oben von uns besprochene Prinzip über die wechselrechtliche Bedeutungslosigkeit aller, wenn auch noch so deutlich auf dem Wechsel erklärter, Vorbehalte des Wechselschuldners, wenn sie nicht speciell von der Wechselordnung gebilligt sind. Dadurch sollte offenbar derjenige, welcher ein Papier, das ihm als Zahlung offerirt wird, und das er als einen ächten, vollständigen Wechsel erkannt hat, der Mühe überhoben sein, den Sinn und Inhalt beliebiger Vermerke, über deren Bedeutung ihm das das Gesetz keinen Aufschluß giebt, vorher näher untersuchen zu müssen, ehe er gefahrlos das Papier als Zahlung nehmen[1]) könne. Dahin gehört ferner die

---

gabe einer causa debendi in Wechselurkunden (bills of exchange und promissory notes) ganz in derselben Weise, wie die deutsche Wechselordnung direkt auf S. Story Wechselrecht von Treitschke übersetzt §. 16. Smith comp. of merc. law. Buch III cap. 1. Heise u. Cropp jur. Abhandlungen Bd. II Nr. I nota 48. Das französische Wechselrecht, und mit ihm fast alle übrigen Wechselordnungen, verlangen zwar eine Erwähnung der Valuta, erkennen jedoch 1. dadurch daß sie die absolut nichts sagende Formel: Valuta in Rechnung, valeur en compte zu lassen, und 2. dadurch, daß sie wenigstens dem dritten Besitzer gegenüber den Beweis der Unwahrheit der Valutaangabe für absolut wirkungslos erklären, indirekt das Prinzip der Entbehrlichkeit der Angabe einer causa debendi an. S. Pardessus c. d. d. c. Nr. 340, 458 und 460. Daß die Formel valeur en compte in der That nichts sage, erkennt Pardessus sehr naiv in folgenden Worten an: Si le tireur est forcé, par quelques circonstances qui se présentent souvent dans le commerce, de ne pas exprimer la veritable cause de la lettre — — -- il peut user de la formule légale valeur en compte. Ueber die Ausschließung der s. g. exceptiones ex persona indossantis und deren Zusammenhang mit der Bestimmung des Wechsels zum Zahlungsmittel vergleiche man Treitschke Encyklopädie sub voce Einreden Bd. I Seite 398 u. f., sowie Einert §. 18, §. 103, §. 104, 105. — Man kann diese zwei Eigenschaften der Wechsel ganz gewiß als die wesentlichsten Bedingungen für die Brauchbarkeit einer Schuldurkunde als Zahlungsmittel betrachten. Ohne dieselben mag eine Urkunde zwar dazu bestimmt sein, z. B. auch eine Anweisung, sofern sie nach römischem Rechte beurtheilt wird, aber es fehlt ihr die Brauchbarkeit.

1) Als Zahlung nehmen heißt natürlich nach der oben gegebenen Definition in dem Sinne nehmen, daß er dadurch sein Vermögen um eine im Werthmesser angegebene Summe oder Zahl vermehrt erachtet, oder wie dies der Kaufmann nennt, diese Summe dem Geber gut schreibt, und von nun an genau diese Summe weniger an ihn zu fordern hat, sie ihm also, wenn er gar nichts zu fordern hatte, von nun an schuldet, sofern nicht etwa eine Schenkung beabsichtigt und rechtlich möglich war. Schreibt der Kaufmann, welcher einen Wechsel nimmt, keine bestimmte Summe gut, so bedeutet dies, daß er vielleicht das Papier als solutio nimmt, nämlich als Erfüllung der obligatio aus

Entbehrlichkeit der Ordreklausel, die Nothwendigkeit eines speciellen Verbotes der Weiterbegebung (art. 9 pos. 2 und art. 15) dahin gehört der art. 36 der W. O., wonach sogar ein durch erweislich falsche oder verfälschte Indossamente legitimirter Inhaber als Eigenthümer des Wechsels und forderungsberechtig[t] aus dem Wechsel anzusehen ist; dahin gehört der art. 74 der Wechselordnung, wonach nicht nur die römischen, sondern auch die altgermanischen Grundsätze über Vindikation beweglicher Sachen dergestalt modificirt sind, daß sogar gestohlene und geraubte Wechse[l] nicht aus den Händen eines gutgläubigen formell legitimirten Inhabers vindicirt werden dürfen 1). Dahin gehört endlich auch

---

einem **pactum de cambiando**, aber ganz gewiß nicht als Zahlung, als **numeratio pecuniae**. Dieser letztere Fall kommt aber im gewöhnlichen Wechselverkehre fast gar nicht vor. Es ist vielmehr der regelmäßige Fall folgender: Der Kaufmann, dem Wechsel mit Beifügung des Preises, zu welchem sie als Zahlung gelten sollen, zugeschickt werden, prüft dieselben, und schickt sie, wenn er an ihrer Echtheit, Vollständigkeit, oder an der Richtigkeit der Preisberechnung zweifelt, zurück, und wenn er hieran nicht zweifelt, so schreibt er den Preis gerade so, als ob er ihn baar erhalten hätte, gut, und wenn dann nachträglich etwa Regreß gegen ihn aus diesem Wechsel genommen wird, so betrachtet er dies als ein ganz neues Faktum, und schreibt nicht etwa die gutgeschriebene Summe wiederum ab, sondern vielmehr die bald größere, bald kleinere Regreßsumme.

1) Daß dieser Satz den römischen Principien über Vindikation beweglicher Sachen (beständen dieselben auch in Urkunden oder in wirklichem gemünztem Metallgelde) direkt widerspricht, kann keinem Zweifel unterliegen, wenn man sich Stellen, wie **fr. 78, fr. 94 §. 2 de solutionibus (46, 3), fr. 11 §. 2, fr. 14 fr. 31 §. 1 de reb. cred. 12, 1** und namentlich **fr. 3 §. 5 de tab. exhib. 43, 5** vergegenwärtigt. Daß auch die Ausschließung der Vindikation bei Inhaberpapieren gegen den gutgläubigen Inhaber nicht aus römischen Principien in der Weise, wie Thöl will, erklärbar ist, dürfte von Gerber, deutsches Privatrecht **§. 160** Note 7 treffend nachgewiesen sein. Daß sodann der im **art. 74** enthaltene Rechtssatz nicht auf das germanische Vindikationsprinzip zurückzuführen ist kann ebenfalls nicht bezweifelt werden, da nach diesem das Gewicht auf der Art des Besitzverlustes (ob mit oder wider Willen), nicht aber auf der Art des Besitzerwerbs (ob mit oder ohne **dolus** oder **culpa lata**) ruht. Es läßt sich demnach der Satz des **art. 74** lediglich auf die Tendenz der Wechselordnung, die Brauchbarkeit der Wechsel zu Zahlungen zu erhöhen, reduciren. Bei Wechseln ist gerade die faktische Möglichkeit, den Beweis des Eigenthums, oder des Verlustes wider Willen zu führen, und somit den römischen und germanischen Voraussetzungen für die Vindikation beweglicher Sachen zu genügen, in hohem Grade vorhanden, in weit höherem Grade, als bei gemünztem Metallgelde, und bei Banknoten und ähnlichen fungibeln Inhaberpapieren. Deshalb ist bei Wechseln das Bedürfniß, die rechtliche Möglichkeit einer solchen Vindikation abzuschneiden, um so dringender, wenn man sie zu denselben Zwecken brauchbar machen wollte, zu welchem Metallgeld und wirkliches Papiergeld schon wegen faktischer Eigenschaften (Schwierigkeit des Beweises der Identität) brauchbar ist. Wechsel werden im Verkehr nicht leicht als fungible Sachen behandelt: es wird nicht leicht von einem Erwerber und Ausgeber versäumt, die Kennzeichen für jedes Individuum sich zu merken, um so größer ist die Gefahr des redlichen Erwerbes einer (bei Geld schon faktisch fast unmöglichen) Vindikation aus

die Zulassung des Blankoindossaments mit der Wirkung eines *vollständigen*, Eigenthum übertragenden Indossaments.

Hält man sich an *diese* Begriffsbestimmung von Papiergeld, so unterliegt es gar keinem Zweifel, daß der Wechsel, wenigstens der *trassirte* Wechsel, nach *jedem* positiven Wechselrechte Papiergeld ist, und daß die deutsche Wechselordnung sowohl den *trassirten* als den *eigenen* Wechsel zu einem ganz besonders brauchbaren Papiergelde machen wollte, und in der That gemacht hat.

Allein *diese* Begriffsbestimmung von Papiergeld trifft ebensowenig, wie jene *Thöl*'sche Definition die charakteristischen Merkmale *derjenigen* Schuldurkunden, welche man herkömmlich im geschäftlichen Leben Papiergeld nennt, welche die Kaufleute, Staatsmänner, die Volkswirthschaftslehrer zunächst im Sinne haben, wenn sie von *Papiergeld* reden, wenn sie *Banknoten*, *Tresorscheine*, *Kassenanweisungen* und ähnliche (weder *Zinsen*, noch *Dividenden*, noch *Lotteriegewinn* bringende) *Inhaberpapiere* unter dem Ausdruck Papiergeld zusammenfassen, und anderen *öffentlichen* Kreditpapieren (Staatsanleihescheinen, Prioritätsobligationen, Aktien, Loosen) auf der einen Seite, und Wechseln auf der andern Seite entgegenstellen. Das *Papiergeld* in dieser im Leben feststehenden Bedeutung des Wortes müssen wir im Sinne haben, wenn wir uns die Frage aufwerfen, ob und in wie weit der deutschen Wechselordnung die Tendenz zu Grunde liege, den Wechsel dem Papiergelde anzunähern oder gleichzustellen. Wenn wir nun die *charakteristischen* Merkmale des Papiergeldes in dieser eigentlichen und herkömmlichen Bedeutung des Wortes näher untersuchen, so treten uns drei Seiten desselben als *charakteristisch* entgegen, die man bisher zu wenig gesondert betrachtet hat. Es ist *erstens* wesentlich für den Begriff des Papiergeldes, daß es Schuldurkunden [1]) sind, welchen eine Reihe

---

gesetzt zu sein, um so dringender das Bedürfniß, die Vindikation gegen den redlichen Erwerber für *rechtlich* unmöglich zu erklären.

1) Daß überhaupt jedes Papiergeld, sogar das Papiergeld, das vom Staate mit Zwangskurs versehen wird, unter den Begriff einer Schuldurkunde falle, darüber scheint kein Streit zu herrschen. Hiedurch dürfte sich das Papiergeld von anderem *Zeichengelde* (Scheidemünzen, Billonmünzen, dem Fichte'schen Ledergelde; S. v. *Savigny* Obligationen §. 40 Note e) unterscheiden. Nennt man Geld alle unter obrigkeitlicher Mitwirkung zu dem Zwecke, um Zahlungsmittel zu sein, *geformten* Gegenstände, so zerfällt das Geld zunächst in zwei Klassen, erstens natürliches Geld (Gold- und Silber-Münzen), zweitens künstliches oder Zeichen-

von Eigenschaften zukommen, die sie von civilrechtlichen Schuldurkunden auszeichnen, und sie fähig machen, als Zahlungsmittel, wie baares Geld, ja in manchen Stücken mit mehr Vortheil, als dieses, gebraucht zu werden. Es ist aber zweitens wesentlich für den Begriff des Papiergeldes, daß der Komplex dieser Eigenschaften, welche dessen Brauchbarkeit als Zahlungsmittel ausmachen, einer großen Menge einzelner, von ein und demselben Schuldner ausgestellter oder doch auszustellender Schuldurkunden, durch einen einzigen Akt, durch eine öffentliche Kundmachung an das gesammte Publikum, worin die Form und die Rechtsfolgen der einzelnen Urkunden beschrieben und festgestellt werden, beigelegt wird. Gerade dieser eigenthümliche Modus, dieser eigenthümliche Weg, um die Eigenthümlichkeiten dieser Urkunden, durch die sie als Zahlungsmittel brauchbar werden, herbeizuführen, bringt es schon nach allgemeinen, wenigstens in Deutschland überall anerkannten, Rechtsgrundsätzen von selbst mit sich, daß nur der Staat selbst, oder die vom Staate hiezu speziell ermächtigten Privatpersonen (Gemeinden, Aktiengesellschaften) fähig sind, solches eigentliches Papiergeld ins Leben zu rufen. Denn nach allgemeinen Rechtsgrundsätzen ist schlechterdings nur der Staat und wen dieser hiezu speziell ermächtigt, im Stande, seine Rechtsverhältnisse zu dem gesammten Publikum im Wege einer öffentlichen Kundmachung willkürlich zu bestimmen [1]. Daß die Wechselordnung an diesem allgemeinen Principe des Rechtes nichts ändern wollte, daß sie durchaus nicht etwa kraft all-

---

geld. Die zweite Klasse zerfällt wiederum in Kreditgeld oder Papiergeld und in bloßes Zeichengeld. Im Texte handelt es sich nicht darum, die charakteristischen Merkmale des Papiergeldes im Vergleiche mit anderem Gelde hervorzuheben. Es sollen vielmehr die charakteristischen Merkmale der Schuldurkunden, welche Papiergeld sind, vor anderen Schuldurkunden hervorgehoben werden.

1) Hieraus ergiebt sich, daß man das eigentliche Papiergeld nicht wohl in öffentliches und Privatpapiergeld eintheilen kann. Jedes Papiergeld ist öffentliches, d. h. durch einen speciellen publicistischen Akt (Individualgesetz oder Privilegium) ins Leben gerufenes. Richtig ist dagegen die Eintheilung in Staats- und Privat-Papiergeld, d. h. in solches, welches der Staatskasse, dem Fiskus, und solches, welches einer privilegirten Privatperson, Anstalt, Gemeinde ꝛc., die Vortheile eines unverzinslichen Darlehns verschaffen soll. Unter Banknote wird nun immer eine bestimmte Art des Privatpapiergeldes verstanden, nämlich das von einer Zettelbank d. h. einer vom Fiskus verschiedenen Person, deren Hauptzweck gerade die Papiergeldemission ist, emittirte Papiergeld. Abgesehen hiervon läßt sich schlechterdings kein charakteristisches Unterscheidungs-Merkmal zwischen Banknoten und Eisenbahnkassenscheinen, städtischen Kassenscheinen und sonstigem Privat-Papiergelde auffinden.

gemeiner Rechtsvorschrift allen Privaten die Befugniß einräumen wollte, im Wege einer öffentlichen Kundmachung Formen und Rechtsfolgen einer größeren Menge einzelner Urkunden in verbindlicher Weise willkürlich festzustellen, das geht schon daraus hervor, daß sie ein und für allemal Form und Wirkung des Wechsels fixirt, und dadurch indirekt den Privaten die Fähigkeit, über diese Formen und Wirkungen durch öffentliche Kundmachungen anderweit zu verfügen, abspricht. Endlich drittens ist für den Begriff des Papiergeldes wesentlich, daß es dazu bestimmt und brauchbar ist, den Schuldner, den Aussteller der hierher gehörigen Urkunden, gerade dadurch, daß diese Urkunden zu Zahlungsgeschäften unter Dritten brauchbar sind, in die Lage zu versetzen, gleichsam vom gesammten Publikum, das sich dieser Urkunden als Zahlungsmittel bedient, ein Darlehn unter solchen Bedingungen zu erhalten, die ihm ein einzelner Darleiher schlechterdings nicht gewähren könnte. Das Papiergeld im eigentlichen Sinne ist dazu bestimmt, dem Aussteller diesen ökonomischen Vortheil zu verschaffen, sei es nun, daß der Aussteller gerade ihn als den Hauptzweck der ganzen Operation (Papiergeld-, Banknoten-Emission) betrachtet, oder daß er als Hauptzweck das Interesse des Publikums im Auge hat, und durch ihn nur einen Ersatz für seine auf die Operation zu verwendenden Auslagen erzielt. Der Papiergeldemittent will für sich ganz offen und erklärtermaßen keinen andern ökonomischen Vortheil, als diesen. Er will durchaus nicht, wie das regelmäßig beim Aussteller einer Tratte der Fall ist, ein ganz bestimmtes individuelles Zahlungsgeschäft zwischen ihm und einer ganz bestimmten Person, die von ihm eine Geldzahlung zu erwarten hat (Remittent), oder die an ihn eine Geldzahlung zu übermachen hat (Trassat) in einer bequemern, weniger kostspieligen Weise, als es durch Baarsendung möglich wäre, realisiren, und um diesen eigenen Vortheil zu erreichen, ein auch Dritten zu ähnlichen Zwecken brauchbares Papier ins Leben rufen. Noch weniger will er etwa, wie das beim Ausstellen eines eigenen Wechsels regelmäßig der Fall ist, eine anderweit bereits begründete oder zu begründende Zahlungsverbindlichkeit (ex mutuo, ex emptione) befestigen, kaviren, in eine wechselmäßige umwandeln, um so von einer individuell bestimmten Person (dem ersten Nehmer) einen Kredit zu erwirken, den ihm derselbe außerdem nicht gewähren würde. Der Papiergeldemittent hat von vornherein gerade das Bedürfniß Dritter, das Bedürfniß des Publikums nach Papieren, die zu Zahlungsgeschäften brauchbar sind, im Auge; wenn er für sich selbst überhaupt einen Vortheil bezweckt, so besteht dieser nur darin, daß er durch den Verkauf der Papiere ein Darlehn empfängt, welches er so lange, als die Nachfrage des Publikums nach seinen Papieren dieselbe bleibt, nutzbar anlegen kann, bis er es schließlich, wenn diese Nachfrage sich vermindert, wieder zurückzahlt, ohne daß er andere Zinsen, als die etwaige Differenz zwischen Verkaufspreis und Einlösungspreis zu vergüten hat. Die Bestimmung und Brauchbarkeit des Papiergeldes zu dieser Spekulation des Emittenten, die wir der Kürze wegen die Zettelbankspekulation nennen wollen, gehört wesentlich mit zum Charakter des Papiergeldes, und unterscheidet nach den allgemeinen Begriffen des Handelsstandes den Wechsel wesentlich vom Papiergelde. Der Handelsstand hält streng daran fest, daß jede Ausstellung eines Wechsels zum Zweck habe, ganz bestimmte obligatorische Verhältnisse des Ausstellers zu ganz bestimmten Personen entweder zu erledigen oder zu befestigen, und daß die Ausstellung von Wechseln ohne einen solchen Zweck, bloß um auf das allgemeine Bedürfniß des Publikuns nach Wechseln zu spekuliren, ein Mißbrauch sei, für welchen er den Ausdruck Wechselreiterei erfunden hat.

§. 11. Fortsetzung.

Nur wenn man dies dritte wesentliche Merkmal des Papiergeldes (dessen Bestimmung und Brauchbarkeit zur Zettelbankspekulation) im Auge hat, erhält die Frage, ob die deutsche Wechselordnung die Tendenz habe, den Wechsel dem Papiergeld gleichzustellen, überhaupt erst ihre Berechtigung. Es wäre nämlich allerdings an sich sehr wohl denkbar, daß die deutsche Wechselordnung jedem Privatmanne habe die Fähigkeit ertheilen wollen, durch Beobachtung bestimmter Formen Papiere ins Leben zu rufen, welchen kraft Rechtsvorschrift gerade die Eigenschaften zukommen, welche das Papiergeld als bestimmt und brauchbar zu dieser Spekulation qualificiren. Es wäre denkbar, daß man so dem Privatmanne einen Weg eröffnen wollte, auch ohne die specielle Ermächtigung zu einer verbindlichen Erklärung an das gesammte Publikum, eine größere Menge einzelner Papiere zu emittiren, welche in jeder Beziehung als Papiergeld zu wirken im Stande wären, welche nicht nur dem Publikum, sondern auch dem Aussteller selbst die Vortheile einer Papiergeldemission zu verschaffen bestimmt und brauchbar wären. Daß aber die deutsche Wechselordnung in der That ebenso, wie die französische und englische Wechselgesetzgebung [1]), und wie überhaupt jede

---

1) Daß die französische Gesetzgebung den Gebrauch der Wechselform zur Zettelbankspekulation nicht begünstigt, geht schon daraus hervor, daß dieselbe weder Tratten noch Eigenwechsel auf Inhaber als Wechsel anerkennt, und daß dieselbe nicht nur das Blankoindossament auf einem Wechsel an eigene Ordre, sondern überhaupt jedes Blankoindossament für unfähig, um Eigenthum zu übertragen, erklärt. Wenn gleichwohl die französische Jurisprudenz Schuldscheine au porteur nicht für unverbindlich erklärt, und ältere Verbote derselben (S. Bender Verkehr mit Staatspapieren §. 34 Note 1) außer Anwendung gekommen sind, so liegt darin doch keine Ermöglichung der Zettelbankspekulation für Privaten, weil dergleichen billets au porteur prinzipiell als bloße Beweisurkunden für eine durch ganz konkrete Verhältnisse begründete Verbindlichkeit behandelt werden, also namentlich der Gegenbeweis der mangelnden causa debendi jedem auch gutgläubigen Inhaber opponirt werden könnte. S. Pardessus c. d. d. c. Nr. 483, wo es heißt: „Du reste, on doit appliquer aux billets au porteur les principes généraux, et non ceux des billets à ordre, qui seuls ont été assimilés aux lettres de change. — Was dagegen das englische Wechselrecht anbetrifft, so hat es auf den ersten Anblick den Anschein, als ob dasselbe, da es nicht nur Tratten (bill of exchange), sondern auch Eigenwechsel (promissory notes) auf jeden Inhaber anerkennt, und bei beiden die Entbehrlichkeit jeder causa debendi statuirt, principiell die Möglichkeit, daß jeder Private banknotenähnliche Papiere ins Leben rufen, und eine durch Rechtsvorschrift in Schutz genommene Zettelbankspekulation vornehmen könne, begünstige. Aber dieser Schein verschwindet, wenn man bedenkt, daß die englische Gesetzgebung die Brauchbarkeit der Wechsel zu dieser Spekulation durch eine ganze Reihe von legislativen Akten vermindert, daß nahezu alle statutarischen Bestimmungen des englischen Wechselrechts, wodurch überhaupt in das Wechselrecht, wie es sich durch Usanz in den Ländern des englischen Rechts gebildet hat, eingegriffen wird, sich auf die Tendenz, den Gebrauch der Wechselformen zu Zettelbankspekulationen der gewöhnlichen nicht privilegirten Privaten zu verhindern, abzielen. Wir erwähnen nur 1) die principielle Unterscheidung zwischen inländischem und ausländischem Wechsel, und die Bevorzugung des letztern offenbar bloß deshalb, weil derselbe schon aus faktischen Gründen zur Zettelbankspekulation unbrauchbar ist; 2) die Bestimmung, daß jeder inländische Wechsel, bei Meidung von Geldstrafen und bei Strafe der Nichtigkeit schon vorher, ehe er in Kurs gesetzt wird, ja sogar ehe er geschrieben wird, gestempelt sein muß. S. Smith comp. of mercantile law, Buch III, cap. I, sect. 1. nota h, i, k, l. S. Bender Wechselrecht §. 291, Note * und Note a. 3) die Bestimmung, daß inländische Wechsel und alle Eigenwechsel über Beträge unter 5 £ Sterl. weder auf den Inhaber lauten dürfen, noch auch in blanco indossirt werden können. S. Treitschke §. 4 sub voce Summe und Smith a. a. O. 4) Die Bestimmung, daß die eben erwähnten Papiere mit geringerer Summe als 5 £ Sterl. auch dann nichtig sind, wenn sie „auf Sicht" zahlbar sind. Smith a. a. O. Daß Angesichts solcher Bestimmungen von einem Versuche einer Privatperson, die Form des Inhaberwechsels oder des Wechsels an eigene Ordre mit zugefügtem Blankoindossamente zu einer Zettelbankspekulation zu gebrauchen, nicht die Rede sein kann, unterliegt hiernach keinem Zweifel. Es giebt vielleicht kein Land der Erde, wo das Privilegium der Staatsgewalt, ausschließlich zu Zettelbankspekulationen brauchbare Papiere zu kreiren oder

Wechselgesetzgebung, welcher die allgemeinen Rechtsansichten des Handelsstandes zu Grunde liegen, gerade die engegengesetzte Tendenz verfolgt habe, geht aus den Berathungen über die Zulassung der Inhaberwechsel hervor. Es wurde gegen Zulassung der Wechsel au porteur geltend gemacht, „daß Wechsel dieser Art als eine Art Kassenscheine, Banknoten, mit einem Worte als eine Art von Papiergeld anzusehen sein würden, dessen Creirung die Regierungen einzelner Staaten den Privaten schwerlich gestatten dürften.“ In der That ist es die Ausstellung einer Schuldurkunde *auf jeden Inhaber*, welche dieselbe, wenn ihr sonst nicht wesentliche Eigenschaften des Papiergeldes, wodurch dieses zur *Zettelbankspekulation* brauchbar wird, abgehen, als eine solche qualificirt, bei welcher der Aussteller ganz *offenkundig* auf das *allgemeine* Bedürfniß des Publikums *nach Zahlungsmitteln* spekulirt. Die Wechselordnung hat offenbar, indem sie den *Inhaberwechsel* verbot, die Möglichkeit, einem zur Zettelbankspekulation *bestimmten* und *brauchbaren* Papiere Dasein zu verschaffen, abschneiden wollen, sie hat in dieser Richtung der Gleichstellung des Wechsels mit dem Papiergelde entgegenarbeiten wollen. Es liegt demnach der deutschen Wechselordnung die Tendenz zu Grunde von den besonderen Eigenschaften, welche das Papiergeld auf dem Wege öffentlicher Kundmachung zu erhalten pflegt, zwar diejenigen, welche dasselbe für das Publikum zum Zahlungsmittel brauchbar machen, dem Wechsel beizulegen, aber zugleich ihm diejenigen, durch welche das Papiergeld für den Emittenten zur Zettelbankspekulation brauchbar wird, zu entziehen.

Aus dieser Tendenz geht nun die Bedeutung der *Nichtaufnahme* der pos. 1 art. 6 in den art. 98 auf die unzweideutigste Weise hervor. Wenn nämlich ein Wechsel an eigene Ordre für *vollständig* erklärt ist, und wenn zugleich dem Blankoindossament die Wirkung eines *vollständigen* Eigenthum übertragenden Indossaments beigelegt ist, so heißt dies eben nichts Anderes, als daß die rechtliche Möglichkeit zugestanden ist, einen Wechsel ins

---

kreiren zu lassen, so *kräftig* geschützt und so *mäßig* benutzt wird, als in England. Gegenwärtig z. B. kursiren in England keine anderen derartigen Papiere, als Noten der Bank von England, deren geringster Betrag 5 £ Sterl. sind, und von diesen müssen ⅔ in wirklichem Gold gedeckt sein. Eine interessante Zusammenstellung der verschiedenen Sorten des in Deutschland gegenwärtig circulirenden Papiergeldes findet sich in einem Aufsatze der Weser-Zeitung Nr. 2672 vom 9. Juli 1852.

Leben zu rufen, dem alle Eigenschaften eines Inhaberwechsels zukommen, oder mit andern Worten, daß es für rechtlich möglich erklärt ist, das Verbot des Inhaberwechsels zu umgehen. Man denke sich nur einen Wechsel an eigene Ordre mit einem dergestalt geschriebenen Blankoindossamente des Ausstellers, daß es faktisch unmöglich ist, dieses Blankoindossament auszufüllen. Ein solcher Wechsel ist schlechterdings nichts Anderes, als ein Inhaberwechsel, ein Wechsel, durch dessen bloße Innehabung jeder Beliebige als Eigenthümer legitimirt erscheint, ein Wechsel, dem diese Eigenschaft auch nicht einmal durch weitere Indossamente entzogen werden kann, da ja nach art. 36 das Ausstreichen aller weiteren Indossamente hinreichen würde, um willkürlich die ursprüngliche Legitimation für jeden beliebigen Inhaber wieder herzustellen. Wenn nun die Wechselordnung ungeachtet des Verbotes der Inhaberwechsel, ungeachtet der hierin ausgesprochenen Tendenz, die Benutzung der Wechselformen zu der Zettelbankspekulation nicht nur nicht zu begünstigen, sondern derselben geradezu entgegenzuarbeiten, für Tratten die Stellung an eigene Ordre zuließ, so liegt dieser Bestimmung zunächst die völlig richtige Erwägung zu Grunde, daß bei Tratten die Gefahr, es werde der Aussteller diese Form mit Hülfe eines Blankoindossaments dazu benutzen, einen wirklichen Inhaberwechsel ins Leben zu rufen, und so jenes Verbot umgehen, verhältnißmäßig gering erscheine. Zunächst stellt sich die Tratte schon dadurch, daß bei derselben entweder Personenverschiedenheit zwischen Aussteller und Zahler, oder doch Ortsverschiedenheit zwischen Ausstellungs- und Zahl-Ort nothwendig ist, als eine Form dar, welche zu einer vortheilhaften Zettelbankspekulation sehr wenig geeignet ist. Der Aussteller muß, wenn er sich nicht dem kostspieligen Regreß aussetzen will, dafür sorgen, daß bei einer von ihm verschiedenen Person, oder an einem anderen Orte, als da, wo er das Papier anfertigt, Geldmittel als Deckung in Bereitschaft sind. Dies verursacht, wenn die Operation einigermaßen ins Große betrieben werden soll, wenn es sich eben nicht darum handelt, Geldmittel, die ohnehin schon in Folge anderer geschäftlicher Verhältnisse, bei der anderen Person, oder an dem anderen Orte bereit liegen, einzuziehen, eine Reihe von Kosten, welche den Vortheil, durch die fortwährende Nachfrage des Publikums nach solchen Papieren ein Darlehn zu erhalten, im höchsten Grade beeinträchtigen. Gerade dies ist der Grund, weshalb die Trattenform in der That nur dann von Kaufleuten zur Auswirkung eines Darlehns vom gesammten nach Wechseln fragenden Publikum benutzt wird, wenn sie sich, sei es in Folge individuellen oder allgemeinen Geldmangels (s. g. Geldkrisis), in einer Lage befinden, welche es ihnen unmöglich macht, auch für hohe Zinsen ein Darlehen von einem Einzelnen aufzunehmen. In solchen Fällen hat dann aber der Kaufmann hinlänglichen Grund, seine Spekulation zu verbergen, sich so zu geriren, als ob er die ganz gewöhnlichen Zwecke des Trassirens verfolgte, und wird schon deshalb seinen Papieren nicht die Form eines Wechsels an eigene Ordre mit eigenem Blankogiro geben wollen.

Sodann aber liegt in der bei Tratten nicht nur herkömmlichen, sondern durch die deutsche Wechselordnung gesetzlich präsumirten Verabredung der Pflicht jedes Gebers, Duplikate zu liefern, ein Grund, welcher den Trassanten davon zurückschrecken muß, einer Tratte mit Hülfe der Stellung an eigene Ordre und eines Blanko-Indossamentes die Eigenschaften eines Inhaberwechsels bleibend beilegen zu wollen. Nach pos. 1 und 3 des art. 66 würde ein solcher Trassant genöthigt sein, sein Blankoindossament auf formgerechten Duplikaten zu wiederholen, und zwar namentlich würde er dies dann thun müssen [1]), wenn der Verlust des ursprünglichen Exemplars bewiesen würde, weil ihm in einem solchen Falle ganz sicher nicht die oben erwähnte Einrede des mangelnden rechtlichen Interesses des Nehmers zur Seite stehen würde. Da nun nach nr. 1 der pos. 2 art. 67 der Indossant, durch dessen Indossament verschiedene Personen legitimirt sind, ungeachtet der Numerirung der Exemplare, ungeachtet der kassatorischen Klausel und sonstiger Vorsichtsmaßregeln mehrfach haftet, so wird gewiß

---

1) Man könnte hier einwenden, daß der Trassant sich dadurch helfen könne, daß er den ersten Nehmer speciell auf die Nachforderung von Duplikaten verzichten ließe. Allein hiergegen kommt in Betracht, daß es dem Aussteller eines Inhaberpapiers ja gerade darum zu thun ist, sein Papier als eine für Jedermann erwünschte Waare zu qualificiren, deren Verkauf ohne alle Rücksicht auf die Individualität des Käufers zu bewerkstelligen ist. Ein solcher Verzicht auf das Recht Duplikate nachzuliefern, würde nun für den Käufer von dem größten Nachtheil sein, da er nun seinerseits wieder darnach trachten müßte, seinen Abnehmer zu einem solchen Verzichte zu vermögen, weil von ihm jedenfalls dieser, wenn nicht auch er verzichtet hätte, die Nachlieferung vollständiger Duplikate, eventuell Schadensersatz verlangen könnte. Wer würde sich also dazu verstehen, ein solches Papier zu nehmen, wenn es ihm nur unter der Bedingung eines so nachtheiligen Verzichtes offerirt würde? Ganz gewiß Niemand, den bloß das Bedürfniß nach papiernen Zahlungsmitteln, nicht individuelle Verhältnisse zum Aussteller zur Nachfrage veranlassen!

nicht leicht Jemand auf den Gedanken kommen, eine Tratte in der Absicht in blanco zu indossiren, damit das Papier wirklich, wie ein Inhaberpapier cirkulire. Man wird nur dann ein Blankoindossament auf eine Tratte setzen, wenn man aus anderen Umständen entnehmen kann, daß es gleichwohl nicht als ein Inhaberpapier längere Zeit von Hand zu Hand gehe und Gefahr laufe, in unrechte Hände zu kommen, wenn man z. B. weiß, daß der Blankoindossatar, d. h. der nächste Nehmer, die Absicht habe, es nur ausgefüllt wieder aus der Hand zu geben.

Es erscheint demnach die Zulassung des Wechsels an eigene Ordre bei der Tratte neben der Zulassung des Blankoindossaments keineswegs in irgend einem Widerspruche mit dem Grundprincipe der Wechselordnung, die Benutzung der Wechselform zur Bankspekulation, zur Emission von Papieren, die auch in dieser Richtung als Papiergeld wirken, auszuschließen. Aber es rechtfertigt sich die Zulassung der Stellung der Tratte an eigene Ordre nicht nur als ungefährlich, sondern wegen der Acceptabilität der Tratte auch als höchst nützlich. Es wurde durch die Zulassung dieser Form dem Trassanten ermöglicht, schon ehe er sich einen Nehmer des Papiers ausgemacht habe, den Trassaten wechselmäßig zu vinkuliren, was dann, wenn diese Form nicht ausdrücklich zugelassen wäre, rechtlich unmöglich sein würde, da nach art. 7 ein auf eine unvollständige Tratte gesetzter Accept keine wechselmäßige Verbindlichkeit erzeugt.

Diese beiden Erwägungen, welche die Zulassung der Ausstellung eines Wechsels an eigene Ordre, bei der Tratte rechtfertigen, treffen dagegen beim Eigenwechsel durchaus nicht zu. Bei dem Eigenwechsel kann die Ausstellung des Wechsels an eigene Ordre, weil Eigenwechsel gar nicht acceptabel sind, keinen anderen Zweck haben, als gerade den, durch Beifügung eines Blankoindossaments dem Papiere die Eigenschaft eines Inhaberwechsels beizulegen und so das allgemeine Verbot der Inhaberwechsel künstlich zu umgehen. Auch liegen in den Eigenschaften, welche die Wechselordnung den Wechseln überhaupt, und den Eigenwechseln insbesondere beigelegt hat, in der That Gründe vor, welche die Gefahr durchaus nicht als geringfügig erscheinen lassen, daß Jemand, wenn man den Eigenwechsel an eigene Ordre zulassen würde, diese Form mit Hülfe eines Blankoindossaments dazu anwenden werde, um ein zu einer Zettelbankspekulation bestimmtes und dazu höchst brauchbares Papier ins Leben zu rufen. Man denke sich eine sehr große Menge von Eigenwechseln, welche auf Sicht lauten, und von allgemein bekannter Firma zugleich als Aussteller und als Blankoindossant ganz oben am Rande der Rückseite gezeichnet sind. Diese Wechsel werden, wenn der Kredit der ausstellenden Firma hinreichend ist, sich von Banknoten schlechterdings nur dadurch unterscheiden, daß der Aussteller derselben alle zwei Jahre, oder doch nach Ablauf der sonst in dem Wechsel angegebenen Präsentationsfrist, neue Urkunden an Stelle der eingelösten in Umlauf setzen muß. In allen übrigen Stücken werden sie alle die Eigenschaften schon kraft Rechtsvorschrift an sich tragen, welche wirklichen Banknoten, oder sonstigem Papiergelde im Wege einer öffentlichen Bekanntmachung beigelegt zu werden pflegen. Der Erwerber eines solchen Papiers weiß genau ebenso, wie bei einer gewöhnlichen Banknote, daß der Aussteller ganz unbedingt, ohne sich auf irgend welches inzwischen mit der Urkunde vorgegangene Faktum als Einrede berufen zu können, die in dem Papier genannte Summe zahlen muß, daß es völlig gleichgültig ist, ob etwa sein Vorgänger ein Dieb, ein Fälscher, ein Räuber, ein Betrüger, oder ein solcher ist, der bereits über den Empfang der verschriebenen Summe, und wäre es auch auf einem Duplikate, quittirt hat. Es liegt daher gar kein denkbarer Grund vor, weshalb sich das Publikum solcher Eigenwechsel, wenn der Aussteller den erforderlichen Kredit besitzt [1]), nicht ganz in derselben Weise, wie wirklicher Banknoten, zu seinen Zahlungen bedienen sollte. Es liegt also die Möglichkeit vor, daß der Aussteller sich sehr wohl durch Emission dieser Wechsel vom gesammten Publikum ein längere Zeit hindurch nicht zu verzinsendes

---

1) Wäre in der deutschen Wechselordnung der eigene Wechsel an eigene Ordre zugelassen, so würde z. B. das Haus Rothschild im Stande sein, in aller Form Rechtens eine Zettelbank für eigene Rechnung anzulegen, und sich so unverzinsliche Darlehne in ungeheurem Maaßstabe vom Publikum zu verschaffen. Freilich würde dann sehr bald auf indirektem Wege, namentlich durch Stempelgesetze, ähnlich wie in England, eingeschritten werden. Jedenfalls aber würden bis zur Erlassung solcher Stempelgesetze oder sonstiger Repressivmaaßregeln die Rothschild'schen Thalerscheine (d. h. massenweis gedruckte und oben am Rande in blanco indossirte Eigenwechsel auf Sicht und an eigene Ordre) mit Recht dasselbe Vertrauen im Publikum finden, was jetzt so manchen weniger garantirten Thalerscheinen kleiner deutscher Territorien geschenkt wird. Die dermalen in Deutschland bereits bestehenden Wechselstempelgesetze sind als Repressivmaaßregeln gegen eine derartige Spekulation wenig geeignet, weil sie meistens die Nachstempelung im Augenblicke der Klaganstellung gestatten, folgeweise dem Vertrauen auf den ungestempelten Wechsel keinen Eintrag thun. S. darüber Bender Wechselrecht, §. 291.

Darlehen verschaffe, oder mit andern Worten, daß ihm mit Hülfe dieser Wechsel eine recht eigentliche Zettelbankspekulation, wie sie sonst nur vom Staate selbst und von speciell privilegirten Privatpersonen unternommen wird, gelingen könnte. Ja man kann behaupten, daß gleiche Zahlungsfähigkeit, d. h. gleichen Vermögensstand bei den Emittenten wirklicher Banknoten [1]) und bei dem Emittenten der eben beschriebenen Eigenwechsel vorausgesetzt, für das Publikum diese Eigenwechsel mehr Sicherheit und mehr Vortheile, als wirkliche Banknoten zu völlig gleichen Zwecken gewähren, und daß daher, wenn das Publikum seinen Vortheil begreift, die Nachfrage desselben nach diesen Eigenwechseln stärker, als nach den wirklichen Banknoten sein müßte. Denn bei diesen ist weder von Wechselproceß, noch von Personalhaft des Schuldners die Rede, zwei Umstände, die bei jenen noch zu den anderen Voraussetzungen, auf welchen der Glauben, daß die Verpflichtung getreulich erfüllt werde, beruht, hinzutreten, und die Sicherheit des Gläubigers erhöhen.

§. 12. Fortsetzung.

Somit würde denn die Zulassung von Wechseln an eigene Ordre, so sehr sie auch in Beziehung auf die Tratte gerechtfertigt erscheint, wenn dieselbe für eigene Wechsel angeordnet wäre, in einem direkten Widerspruche mit jener Tendenz der Wechselordnung stehen, welche durch Ausschließung der Inhaberwechsel unzweideutig zu erkennen gegeben ist, und welche auch, wie bereits erwähnt, den allgemeinen Ansichten des Handelsstandes über Zweck und Bestimmung des Wechsels entspricht. Es ist daher anzunehmen, daß durch die Nichtaufnahme der pos. 1 art. 6 oder einer analogen Bestimmung unter die Bestimmungen über den Eigenwechsel zu erkennen gegeben sei, daß zur Vollständigkeit eines Eigenwechsels Verschiedenheit der Personen zwischen Aussteller und Promissar (art. 96 nr. 3 und nr. 6) wesentlich sei, während bei einer Tratte eine solche Verschiedenheit zwischen Trassant und

1) Darunter verstehen wir solche Papiere, die nicht wegen ihrer Form kraft Rechtsvorschrift, sondern wegen des Inhaltes der über sie speciell erlassenen Bekanntmachung dem Inhaber die Gewißheit verschaffen, daß der Aussteller ihm auf Verlangen die verschriebene Summe unbedingt zahlen müsse.

Remittent nicht wesentlich sei. Man muß sich jedoch wohl hüten, mehr in diesen Satz hineinzulegen, als nach den inneren Gründen, aus denen er folgt, hineinzulegen ist. Es ist namentlich durch diesen Satz keineswegs ein Verbot der Eigenwechsel an eigene Ordre in dem Sinne ausgesprochen, daß ein Papier, welches allen Erfordernissen des art. 96 einschließlich dem Erfordernisse der Personen-Verschiedenheit des Ausstellers und Promissars entspricht, etwa deshalb kraftlos sei, weil der Aussteller statt direkt einer von ihm verschiedenen Person die Zahlung zu versprechen, dies indirekt dadurch gethan hat, daß er an eigene Ordre zu zahlen versprach, und dann selbst noch die Ordre, nämlich die Person, an welche das Versprechen gerichtet sein solle, in Form eines Indossaments mit benanntem Indossatar hinzufügte. Denn der art. 96 fordert durchaus nicht, daß die vom Aussteller verschiedene Person des Promissars mit direkten Worten, oder etwa nothwendig auf der Vorderseite des Wechsels, oder etwa vor den in Nr. 4 und Nr. 6 erwähnten Erfordernissen ausgedrückt sei. Nur soviel geht aus dem art. 96 hervor, daß die Benennung des vom Aussteller verschiedenen Promissars dergestalt zum Kontext der Urkunde im Gegensatz zu Ueber- und Unterschrift gehören muß, daß dieselbe oberhalb der Unterschrift des Ausstellers stehen muß. Es ist daher ein eigener Wechsel an eigene Ordre so lange als unvollständig und ohne alle Rechtsfolgen für den Aussteller selbst und jeden Anderen, der ihn etwa als Indossant, oder Mitaussteller unterzeichnen würde, in Gemäßheit des art. 7 der W. O. anzusehen, als er nicht dergestalt vervollständigt ist, daß der Promissar nachträglich, gleichviel in welcher Form benannt, und diese Benennung entweder vor die ursprüngliche Unterschrift des Ausstellers, oder vor eine zweite Unterzeichnung desselben gesetzt ist. Gerade dies, aber nichts mehr, liegt in dem an sich richtigen Satze, daß die Ausstellung eines Eigenwechsels an eigene Ordre nicht verboten und folgeweise erlaubt sei, und zugleich in dem anderen Satze, daß die Benennung eines vom Aussteller verschiedenen Promissars zur Vollständigkeit eines Eigenwechsels wesentlich ist. Da nun nach art. 7 die nachträgliche Vervollständigung eines Wechsels für alle diejenigen Wechselschuldner, welche vor derselben unterzeichnet haben, und ohne deren Wissen und Willen die Vervollständigung vorgenommen ist, wirkungslos ist, so ergeben sich aus der Nichtaufnahme der pos. 1 art. 6 in den art. 96

folgende höchst wichtige Unterschiede zwischen Tratte und Eigenwechsel, welche ganz ebenso auch für die beiden besonderen Formen der Tratte und des Eigenwechsels, mit denen wir uns hier zunächst beschäftigen, gelten. Erstens, wenn ein Wechsel auf eigene Ordre lautet, und der Aussteller denselben ersichtlich in blanco indossirt hat, d. h. wenn sein Blankoindossament gar nicht ausgefüllt ist, so begründet ein solcher Wechsel, wenn es ein Eigenwechsel ist, und wäre es auch ein legaler domicilirter Eigenwechsel, schlechterdings gar kein Klagerecht für irgend einen Inhaber, und zwar weder gegen Aussteller, noch gegen Mitaussteller, noch irgend einen weiteren Indossanten. Ist es dagegen eine Tratte, und wäre es auch ein trassirt-eigener Wechsel, so entspringen aus demselben alle Rechte, welche die Wechselordnung dem legitimirten Inhaber gegen den Aussteller und andere Wechselschuldner beilegen. Im ersteren Falle, wenn es ein Eigenwechsel ist, nützt es dem Inhaber nichts, wenn auch beide Unterschriften, sowohl die unter dem Wechsel, als auch die unter dem Blankoindossament ächt sind. Im letztern Falle, wenn es eine Tratte ist, schadet es dem Inhaber nicht, wenn auch eine der beiden Unterschriften des Ausstellers falsch ist; er kann aus dem ächten Indossamente klagen, wenn die erste Unterschrift falsch ist, und aus der Ausstellung der Tratte, wenn das Indossament falsch ist.

Zweitens, wenn ein Wechsel an eigene Ordre lautet und das erste Indossament des Ausstellers dergestalt ausgefüllt ist, daß ein vom Aussteller verschiedener Indossatar oberhalb einer zweiten Unterschrift des Ausstellers benannt ist, so muß der Aussteller oder Mitaussteller des Wechsels, wenn es ein eigener, gleichviel ob domicilirter oder nicht domicilirter, Wechsel ist, auch einem gutgläubigen Inhaber gegenüber zu der Einrede zugelassen werden, daß der Name des Indossatars von einem Dritten ohne sein Wissen und Willen geschrieben sei. Desgleichen steht auch jedem weitern Indossanten oder Mitindossanten gegen die sonst begründete wechselmäßige Regreßklage die Einrede zu, daß das erste Indossament zu der Zeit, als er den Wechsel unterzeichnete, noch nicht durch Nennung des ersten Indossatars ausgefüllt gewesen sei, daß es vielmehr erst nachträglich ohne sein Wissen und Willen ausgefüllt sei. Ist das Papier dagegen eine Tratte oder ein legaler trassirt-eigener Wechsel, so ist von diesen wechselrechtlichen Einreden keine Rede, und es kann sogar nicht einmal auf den Umstand, daß der Inhaber gegen das ausdrückliche Verbot des Verklagten das erste Blankoindossament ausgefüllt habe, eine wechselrechtliche Einrede gestützt werden.

§. 13. Die ratio legis der pos. 2 art. 6.

Es kann auffallend erscheinen, daß wir uns erst jetzt zu der Frage wenden, wie sich das Prinzip, dessen praktische Konsequenzen wir in den vorigen §§. dieses Kapitels entwickelt haben, das Prinzip nämlich, daß der legale trassirt-eigene Wechsel als Tratte und vom domicilirt-eigenen Wechsel verschieden zu behandeln sei, aus innern Gründen rechtfertigen lasse. Jedoch dürfte in dem vorliegenden Falle der eingeschlagene Gang der Untersuchung sich aus folgenden Gründen als richtig und zweckmäßig darstellen. Zunächst ist der positive Inhalt dieses Prinzips in einer so unzweideutigen Weise legislativ festgestellt, daß er selbst dann nicht in Zweifel gezogen werden könnte, wenn es auch an jedem inneren, in der Natur der Sache, in den Bedürfnissen des Verkehrs liegenden Grunde gänzlich gebrechen sollte. Sogar Einert, der in der That von der Ansicht ausgeht, daß es diesem Prinzipe wirklich an jedem innern Grunde gebreche [1]), stellt diesen positiven Inhalt selbst eigentlich nicht in Frage; er hat nur die Fälle, welche dem legalen Begriffe des trassirt-eigenen Wechsels angehören, in einer nach unserer Ansicht nicht zu rechtfertigenden Weise zu beschränken versucht [2]). Sodann aber ist die legislative Feststellung dieses Prinzips in einer so eigenthümlichen Weise zu Stande gekommen, daß eine Ermittelung der ratio legis auf anderem Wege, als aus dem positiven Inhalte des Gesetzes selbst, gar nicht möglich ist. Keine der frühern Theorien über den trassirt-eigenen Wechsel (S. das 1. Kapitel unserer Abhandlung) hat in der legislativen Feststellung dieses Prinzips vollständige Anerkennung und Billigung gefunden, und von keinen der manchfaltigen Motive, welche in der Leipziger Konferenz für und gegen dieses Prinzip vorgebracht worden sind, kann mit Bestimmtheit gesagt werden, daß es von der Mehrheit der Versammlung gebilligt worden

---

1) S. die Worte Seite 400 der mehrfach citirten Abhandlung: „Dem zu Folge hätte man nun auch wohl bei dem trassirt-eigenen Wechsel, als einer bloßen Nachbildung des trockenen Wechsels, keinen haltbaren Grund dafür ꝛc."

2) Vergl. oben unsere Widerlegung der Ansicht Einert's über den legalen Begriff des Erfordernisses der pos. 2 art. 6.

sei. Namentlich bleibt es höchst zweifelhaft, ob die Beschlußfassung in der vielberegten 24. Sitzung (Protokolle Mannheimer Ausgabe S. 73 und 74) eine Billigung der Motive, welche vom Referenten selbst und für seine Vorschläge vorgebracht wurden, enthalte. Denn es war in der 5. Sitzung (Mannheimer Ausgabe S. 8) mit 10 gegen 8 Stimmen zuerst ein Beschluß gefaßt worden, worin geradezu eine Mißbilligung der Ansichten des Referenten gefunden werden muß, und es hat den Anschein, daß nur die eigenthümliche Fragestellung in der 24. Sitzung, der Umstand nämlich, daß bei der ersten Frage: (ob der trassirt-eigene Wechsel als Tratte behandelt werden soll?) Modifikationen in Aussicht gestellt waren, es dahin brachte, daß von jenem ersten Beschluße wieder abgegangen wurde. Es kann daher die ratio legis hier nur aus dem Gesetze selbst, nicht aber aus den anderweiten Aussprüchen des Gesetzgebers ermittelt werden.

Wenn ein Gesetz, welches die Rechtsfolgen des eigenen Wechsels, d. h. des wechselmäßigen Versprechens, daß der Aussteller der Urkunde selbst zahlen werde, wesentlich anders normirt, als die der Tratte, den trassirt-eigenen Wechsel (d. h. den an sich selbst gerichteten Zahlungsbefehl) für eine Tratte erklärt, so kann dies wohl überhaupt nur zwei Gründe haben.

Es kann erstens der Gesetzgeber solche Fälle im Auge haben, wo es sich nicht mit Evidenz, nicht für Jedermann aus der Urkunde selbst entnehmen läßt, daß der Befehl an sich selbst gerichtet sei, wo es also immerhin als möglich angesehen werden muß, daß der Aussteller in Beziehung auf eine von ihm verschiedene Person, die nur zufällig denselben Namen, dieselbe Firma führt, gerade die Operation vornehmen wolle, welche als die normale beim Ausstellen einer ganz gewöhnlichen ächten Tratte betrachtet wird. Das Gesetz geht dann von dem Grundgedanken aus, daß die Gefahr, es werde ein Papier, das in der That nur Eigenwechsel ist und nach der Absicht des Ausstellers sein sollte, als Tratte behandelt, nicht so bedeutend, nicht so nachtheilich für die Betheiligten sei, als die umgekehrte, daß ein Papier, das in der That Tratte ist und nach der Absicht des Ausstellers sein sollte, als Eigenwechsel behandelt werde; es sei daher besser, Papiere, welche wegen Identität der Bezeichnung des Trassanten und des Trassaten es zweifelhaft lassen, ob Personenidentität oder Personenverschiedenheit gemeint sei, ein und für allemal für Tratten zu erklären, als die Gefahr bestehen zu lassen, daß derjenige, welcher *in der That* auf eine Person gleiches Namens trassire, seine Zwecke verfehle, weil das Papier als Eigenwechsel behandelt werde. Daß dieser Grund aber durchaus nicht als die eigentliche Tendenz, als die ratio legis der Bestimmung der pos. 2 art. 6, wodurch der trassirt-eigene Distance-Wechsel für eine Tratte erklärt ist, zu betrachten sei, läßt sich aus dem positiven Inhalte dieser Bestimmung sehr leicht nachweisen. Zunächst würde dieser Grund gerade *nur* bei der Klasse von trassirt-eigenen Wechseln Platz greifen, welche nach Thöls Theorie *bloß als Tratten*, und nach *Einert's* Theorie *zu Gunsten* des *gutgläubigen Inhabers sowohl* als Tratten, *wie auch* als Eigenwechsel zu behandeln sind. Daß aber die deutsche Wechselordnung nicht bloß diese *eine* Klasse trassirt-eigener Distance-Wechsel, die man wohl am besten *zweideutige* trassirt-eigene Wechsel nennen kann, sondern auch völlig *unzweideutige* trassirt-eigene Distance-Wechsel für Tratten erklärt hat, haben wir bereits oben (Kapitel 2) sowohl aus den Worten des Gesetzes, als aus dem Gange der Berathungen nachgewiesen. Wenn dieser Grund als der eigentliche Zweck des Gesetzes in Betracht kommen sollte, so wäre es völlig absurd gewesen, dem Gesetz eine solche Fassung zu geben, daß man ohne den Worten Gewalt anzuthun, dasselbe schlechterdings nicht anders auslegen kann, als so, daß auch völlig *unzweideutige* trassirt-eigene Wechsel unter den *legalen* Begriff der Tratte fallen. Sodann aber würde dieser Grund als ratio legis unterstellt, die Beschränkung des Begriffs eines *legalen*, d. h. als Tratte zu behandelnden trassirt-eigenen Wechsels durch das Erforderniß der distantia loci durchaus nicht erklären. Wenn man überhaupt *Platztratten* als legale Tratten anerkennt, und wenn man überhaupt schon *deshalb* den trassirt-eigenen Wechsel als Tratte anerkennen wollte, weil es doch *möglich* sei, daß durch diese Form die Absicht, auf eine Person *gleiches* Namens zu trassiren, ausgedrückt sei, so mußte man auch den trassirt-eigenen *Platz*wechsel für eine Tratte erklären.

Somit dürfte denn wohl mit Gewißheit anzunehmen sein, daß dieser *erste mögliche* Grund für die legislative Bestimmung, daß ein trassirt-eigener Wechsel *Tratte* und *nicht Eigenwechsel* sein solle, nicht als ratio legis zu betrachten sei. Hiernach ist denn auch die Aeußerung zu würdigen, welche in der 24. Sitzung der Konferenz zur Rechtfertigung des Vorschlags des Referenten gemacht wurde: „Aus der Gleichheit des Namens folge überdies noch nicht die Identität der Personen, so daß es in manchen Fällen der gegentheiligen Ansicht zweifelhaft werden müsse, ob ein eigener oder ein trassirter Wechsel vorliege." Es ist dieselbe nur in sofern als richtig anzuerkennen, als damit auf den Vortheil aufmerksam gemacht werden sollte, welcher gelegentlich aus der vorgeschlagenen Gesetzesbestimmung entspringe, nämlich auf den Vortheil, daß in manchen Fällen, wenn auch nicht in allen, wo ein solches Bedürfniß eintritt, die Frage, ob durch die Namensidentität zwischen Trassant und Trassat Personenidentität ausgedrückt sei, oder nicht, ihre praktische Bedeutung verliere. Es ist denn auch wirklich nicht zu verkennen, daß dieser gelegentliche Vortheil aus der pos. 2 art. 6 entspringt, daß dadurch wenigstens für Distance-Wechsel gewisse Schwierigkeiten, welche diese Frage mit sich bringt, völlig beseitigt sind. Denn da sogar der unzweideutige auf den Trassanten selbst gezogene Distance-Wechsel Tratte ist, so ist natürlich um so mehr auch der Distance-Wechsel Tratte, bei welchem es zweifelhaft ist, ob der Trassant sich selbst oder eine von ihm verschiedene Person gleiches Namens im Sinne gehabt habe.

§. 14. Fortsetzung.

Was nun den zweiten überhaupt möglichen Grund für die Anerkennung eines trassirt-eigenen Wechsels als Tratte anbetrifft, so kann derselbe nur darin gefunden werden, daß der Gesetzgeber solche Fälle im Auge hat, wo in der That Jemand veranlaßt sein könne, mit sich selbst eine solche geschäftliche Operation vorzunehmen, wie sie sonst mit dem Trassaten durch Ausstellung einer ganz normalen Tratte vorgenommen wird, und wie sie gerade nur dann vollkommen und den wahren Interessen aller Betheiligten entsprechend realisirt werden kann, wenn dem auf den Trassanten selbst gezogenen Wechsel die besonderen Wirkungen der Tratte beigelegt werden. Es fragt sich daher nur, ob es wirklich solche Fälle geben könne, und ob die distantia loci, wie sie in pos. 2 art. 6 vorgeschrieben ist, zu diesen Fällen in einem solchen Verhältnisse stehe, daß man sie als Voraussetzung der Möglichkeit eines solchen Falles betrachten könne. Wenn diese Frage zu bejahen ist, so ist das Gesetz, wonach der legale trassirt-eigene Distance-Wechsel Tratte, der domicilirt-eigene Distance-Wechsel Eigenwechsel sein soll, allerdings innerlich begründet. Es ist dann die rechtliche Möglichkeit gegeben, je nach Bedürfniß des einzelnen Falls einem Distance-Wechsel die Eigenschaften des Eigenwechsels oder der Tratte beizulegen. Giebt der Aussteller dem Papiere die Form des Versprechens, so ist anzunehmen, es sei ungeachtet der Voraussetzung, unter der es möglich ist, daß das besondere Bedürfniß, auf sich selbst trassiren zu können, eintrete, dasselbe dennoch nicht vorhanden gewesen; giebt er ihm die Form des Befehls an sich selbst, so hat er damit angedeutet, daß hier außer jener conditio sine qua non auch noch die sonstigen faktischen Verhältnisse vorhanden seien, von denen jenes besondere Bedürfniß abhängt; giebt er ihm diese letztere Form, ohne daß in der That dieses Bedürfniß vorhanden ist, so hat er — wie dies auch bei der ganz normalen Trattenform möglich ist — entweder irrthümlich oder böslich eine Form mißbraucht[1]), d. h. sie zu anderen Zwecken verwendet, als welche das Gesetz durch dieselbe ermöglichen oder begünstigen wollte.

Diese Frage ist aber, wie aus folgenden Betrachtungen hervorgehen wird, allerdings zu bejahen, so daß die Ansicht Einert's, wonach die pos. 2 art. 6 als ein Misgriff der Legislation erscheint, sich als unrichtig darstellt.

---

1) Ein interessantes Beispiel eines solchen Mißbrauchs, und wahrscheinlich eines absichtlichen Mißbrauchs der Form des trassirt-eigenen Distance-Wechsels bietet der bereits oben besprochene Rechtsfall, welcher im Archive Bd. II S. 335 mitgetheilt ist, dar. Dem Adolf Publius war es ganz sicher gar nicht darum zu thun, in Beziehung auf sich selbst, d. h. in Beziehung auf eine für ihn in Leipzig bereit gehaltene Geldsumme zu trassiren. Er wollte weiter gar nichts, als sich von den Abnehmern seiner Papiere ein Darlehn verschaffen, welches nicht in Chemnitz, sondern in Leipzig, vielleicht weil dies den Interessen der Darleiher mehr entsprach, rückzahlbar sein sollte, wenn es überhaupt zu einer prompten Rückzahlung kommen würde. Seiner wahren Absicht würde ein eigener Wechsel entsprochen haben. Allein dies ändert die wechselrechtlichen Folgen des Papiers als Tratte ebensowenig ab, als etwa eine ganz gewöhnliche Tratte deshalb, weil Jemand eine ihm völlig fremde Person, mit der er in gar keiner Beziehung steht, als Trassaten bezeichnet hat, und folglich ebenfalls bloß in der Valuta ein Darlehn erhalten wollte, keine Tratte sein würde. Strafrechtlich und civilrechtlich kann die Frage, ob ein Mißbrauch oder ein Gebrauch einer Wechselform vorliege, von Bedeutung sein; wechselrechtlich ist dieselbe wenigstens nach der deutschen Wechselordnung bedeutungslos. So z. B. wenn ein Stempelgesetz den Stempelsatz für eigene Wechsel höher greift, als für Tratten, so kann der misbräuchliche Aussteller einer Tratte unter Umständen zur Strafe für Stempeldefraudation verurtheilt werden. Die Bestimmung der dänischen Wechselordnung über Proforma-Wechsel ist auf diese Weise zu erklären. S. Meissner's Wechselkodex Bd. II, S. 257 ff. Auch ist es nicht undenkbar, daß aus einem böslichen Misbrauche eine civilrechtliche exceptio oder actio doli entspringe, in Folge deren der Urheber oder Theilnehmer gezwungen wird, den vollen Schaden, und nicht bloß den grundlosen Gewinn demjenigen, welcher schuldlos die Solennitäten versäumt hat, zu ersetzen.

Die faktischen, gewerblichen oder geschäftlichen Beziehungen des Trassanten zum Trassaten, mit denen die besonderen Rechtsfolgen der Tratte (Präsentations-, Protestations-, Notifikations-Pflicht, und *kurze* Regreßverjährung; s. oben §§. 1, 2, 3, 4; Acceptabilität §. 5; Duplikabilität §§. 6—9; Zulässigkeit der Stellung an eigene Ordre §. 10) mehr oder weniger in einem innern nothwendigen Zusammenhange stehen, sind von *doppelter* Art. Es kann zunächst die Rücksicht auf eine zwischen dem Trassanten als Creditor und dem Trassaten als Debitor bestehende *Schuld*, welche durch die Ausstellung und den weitern Gang der Tratte möglichst *zeitig* und *bequem einkassirt* oder doch in eine *wechselmäßige* umgewandelt werden soll, als Zweck des Trassirens gedacht werden; es kann aber zweitens auch die Ersparung von Zeit und Kosten, die Vermeidung von Gefahren, welche ein *reeller Transport* von einer beim Trassaten bereit liegenden Summe verursachen würde, der *Hauptzweck* der Ausstellung und des Verkaufs der Tratte sein. Dieser letztere Zweck kann überhaupt *nur* dann vorhanden sein, wenn der Ort, wo die Tratte ausgestellt und in den Handel gebracht wird, von dem Orte, wo dieselbe eingelöst werden soll, *mindestens* in dem Sinne *verschieden* ist, daß beide nicht zu ein und derselben örtlichen Gemeinde gehören. In der Regel wird sogar *dieser* Zweck des Trassirens nur bei weit größeren Entfernungen zwischen diesen beiden Orten *wirklich vorliegen*, nämlich dann, wenn diese Orte so weit von einander entfernt sind, daß von einem *Wechselkurs*, welcher *direkt* oder *indirekt* zwischen denselben statt findet, gesprochen werden kann [1].

Jeder von diesen beiden Zwecken des Trassanten hängt schon *für sich allein* mit den *besonderen* Rechtsfolgen der Tratte

---

1) Wenn direkt zwischen zwei Orten sich ein Wechselkurs entwickelt hat d. h. wenn die Papiere, welche an dem *einen* Orte zahlbar sind, am *andern* einen *Marktpreis* haben, so ist dies stets ein Beweis dafür, daß zwischen diesen beiden Orten solche faktische Verhältnisse bestehen, vermöge deren 1) es sehr häufig *nothwendig* ist, *Geldsummen* von dem einen zu dem andern Orte zu *transportiren*, und 2) es mit erheblichen Gefahren, Kosten und Zeitverlust verbunden sein würde, wenn diese *Summentransporte reell* d. h. durch wirkliche Sendung der Geldstücke effektuirt würden. Daß zwischen den verschiedenen Theilen ein und derselben Stadt niemals ein Wechselkurs entstehen kann, hat seinen Grund darin, daß das zweite von diesen beiden Momenten fehlt. Beide Momente treten nur bei ziemlich weit entfernten oder *verschiedenen Staaten* angehörigen Städten ein, zwischen denen ein lebhafter Handelsverkehr ist.

dergestalt zusammen, daß eine vollkommenere, eine den Interessen aller Betheiligten möglichst entsprechende Realisirung desselben nicht statt finden könnte, wenn der Trassant nicht im Stande wäre, dem zu diesem Zweck ins Leben gerufenen Wechsel die besonderen Eigenschaften der Tratte beizulegen, wenn er dabei auf den Gebrauch einer Form, welche nur die Rechtsfolgen des Eigenwechsels nach sich ziehen würde, beschränkt wäre.

Denkt man sich den ersten Zweck für sich allein, so ist gerade die indirekte Nöthigung des Inhabers, den Accept zu erwirken, jedenfalls aber rechtzeitig zur Zahlung zu präsentiren, welche mit den besonderen Eigenschaften der Tratte zusammenhängt, das Mittel, wodurch der Trassant seinen Zweck erreichen kann. Mit demjenigen Papiere, welches bloß die Rechtsfolgen des Eigenwechsels nach sich zieht, obgleich es dem Sinne nach dieselbe Erklärung enthalten würde, welche eine zu diesem Zwecke ausgestellte Tratte enthält, nämlich mit dem domicilirt-eigenen Platz-Wechsel mit benanntem Domiciliaten, würde dieser Zweck sich nur sehr unvollkommen realisiren lassen. Es ist dem Trassanten in diesem Falle ja nur darum zu thun, seinen Schuldner zu einer prompten Zahlung oder zur Umwandlung seiner ordinären Schuld in eine wechselmäßige zu veranlassen. Es muß daher das Papier, welches der Gläubiger ausstellt und in den Verkehr bringt, so beschaffen sein, daß der Inhaber ein Interesse hat, den Schuldner zur Acceptation, jedenfalls aber doch zur rechtzeitigen Zahlung aufzufordern, und nicht etwa befugt ist, beides zu unterlassen, und dann schließlich, nachdem vielleicht der Schuldner zahlungsunfähig geworden ist, gleichwohl noch die in dem Wechsel zugesicherte Summe vom Gläubiger zu fordern. Gerade diese letzterwähnte Befugniß würde dem Inhaber eines domicilirt-eigenen Platz-Wechsels mit benannten Domiciliaten zustehen [1]). Ein solcher Wechsel ist daher für diesen Zweck des Trassirens völlig unbrauchbar. Eine solche Form erscheint daher nur dann als geeignete Wechselform, wenn Jemand bei Ausstellung eines Wechsels bloß ein zwischen ihm und dem Nehmer entweder erst zu begründendes, oder doch wechselmäßig zu befestigendes Schuldverhältniß im Auge hat, und nur deshalb einen Dritten (z. B. seinen Banquier, bei welchem die Zahlung erfolgen soll, bestimmt, weil es ihm und dem Inhaber bequemer ist,

---

1) Der Beweis hierfür ist oben Kap. II, §. 5 und Kap. III, §. 2 erbracht.

wenn bei diesem und nicht bei ihm selbst die Einlösung erfolgt, sofern es überhaupt zu einer prompten Erfüllung der Wechselverbindlichkeit kommt, und der Inhaber nicht vielleicht, was hiebei dem Aussteller nur im höchsten Grade erwünscht sein kann, den Zahlungstag verstreichen läßt, und sich später an den Aussteller selbst wendet.

Weil dieser erste Zweck des Trassirens schon für sich allein in einem inneren Zusammenhange mit den Rechtsfolgen der Tratte steht, und weil derselbe schlechterdings in gar keinem Zusammenhange mit der distantia loci steht, so rechtfertigt sich die in der Wechselordnung enthaltene Bestimmung, auch Platztratten als solche anzuerkennen. Ebenso rechtfertigt sich durch die Rücksicht auf diesen ersten Zweck des Trassirens, wie schon oben angedeutet, die Zulassung der Stellung an eigene Ordre, und die Bestimmung art. 23 pos. 2 der Wechselordnung [1]). Weil aber zugleich das Bedürfniß anerkannt werden muß, ein an demselben Orte aber bei einer dritten Person zahlbares Papier ausstellen zu können, bei welchem durchaus keiner der besondern Zwecke des Trassirens vorliegt, und bei welchem daher auch keine der besonderen Eigenschaften der Tratte von Vortheil für die Interessenten sein kann, so rechtfertigt sich der bereits oben nachgewiesene Satz, daß der illegale domicilirt-eigene Wechsel, selbst wenn ein besonderer Domiciliat benannt ist, schlechterdings gar keine von den besonderen Rechtsfolgen der Tratte nach sich zieht.

Denken wir uns nunmehr den zweiten Zweck für sich allein, so sind es hier noch weit mehr die besonderen Eigenschaften der Tratte, durch welche derselbe ermöglicht oder doch begünstigt wird. Namentlich würde dieser Zweck im höchsten Grade gefährdet sein, wenn der Inhaber nicht genöthigt wäre, rechtzeitig zur Zahlung zu präsentiren, wenn er vielmehr die Befugniß hätte, den Zahlungstag verstreichen zu lassen, und dann vom Aussteller selbst in foro domicilii, also vielleicht gerade am Ausstellungsorte die verschriebene Summe zu fordern. Denn es ist ja hier dem Aussteller darum zu thun, die am Zahlorte befindliche Summe

---

1) Auf gewisse Fälle, wo dieser erste Zweck des Trassirens für sich allein vorliegt, hat Einert in dem vielfach citirten Aufsatze über den trassirt-eigenen Wechsel S. 389 mit folgenden Worten hingewiesen: „Bei der Ausbreitung des Handels in neuerer Zeit ist das Bedürfniß rege geworden, daß der Verkäufer auf seine Abkäufer Tratten zieht, nicht bloß um das diesen kreditirte Kaufgeld durch Diskonto in seine Hände zu bekommen, sondern um den Schuldner, daß er die Zahlung wechselmäßig leiste, durch seinen Accept zu vinkuliren."

künstlich an den Ausstellungsort zu schaffen, nicht aber etwa um einen vom Nehmer zu bewilligenden Kredit, und gerade dieses Letzte würde der Erfolg der ganzen Operation sein, wenn er vom Inhaber jederzeit, vom Verfalltage abwärts, am Ausstellungsorte belangt werden könnte. Der Aussteller ist — das wird ja eben bei diesem zweiten Zwecke des Trassirens unterstellt — nicht am Ausstellungsorte, sondern vielmehr am Zahlorte in der Lage, über eine Geldsumme disponiren zu können. Gerade dadurch, daß er ein Papier am Ausstellungsorte anfertigt und verkauft, gegen welches — wofür er einzustehen verspricht — am Zahlorte zur Zahlungszeit diese Summe in Empfang genommen werden kann, will er sich erst in die Lage versetzen, diese Summe am Ausstellungsorte verwenden zu können, ohne die Gefahren, die Kosten, den Zeitverlust tragen zu müssen, welchen die reelle Transportation der Summe verursachen würde. Es liegt auf der Hand, daß dieser Zweck nur dann mit Sicherheit zu erreichen steht, wenn das Papier so beschaffen ist, daß der Käufer desselben oder sein Rechtsnachfolger schlechterdigs nicht befugt ist, auch ohne daß er den Versuch, zur Zahlungszeit am Zahlorte die dort angeblich befindliche Summe zu erheben, gemacht habe, die versprochene Summe vom Aussteller da, wo sein forum domicilii ist, also möglicher Weise sogar am Ausstellungsorte selbst, einzuklagen. Es lassen sich alle die Solennitäten, welche für die Regreßklage gegen den Aussteller vorgeschrieben sind (Präsentations-, Protestations-, Notifikations-Pflicht, kurze Regreßfrist), sehr wohl als mit diesem Zweck des Trassirens in einem inneren Zusammenhange stehend, nachweisen [1]), so daß sie auch in solchen Fällen am

---

1) Wenn viele Wechselordnungen, namentlich die französische und die ihr nachgebildeten, die Nothwendigkeit dieser oder ähnlicher Solennitäten unbedingt nur für die Regreßklage gegen die Indossanten vorschreiben, und dem Aussteller, wenn er sich auf die Nichtbeobachtung dieser Solennitäten beruft, den Beweis zumuthen, daß zur Verfallzeit am Zahlorte Deckung vorhanden gewesen sei, so heißt dies im Grunde genommen nichts Anderes, als daß man die Ausstellung einer Tratte, wo dieser zweite Zweck des Trassirens für sich allein vorliege, nicht als einen normalen Gebrauch der Trattenform anerkennen wolle; denn es führt dies dahin, daß in solchen Fällen, wo am Zahlorte eine Summe in der Weise bereit lag, daß der Trassat sie dem Trassanten ganz ungedeckt zu kreditiren gewillt war, wo es sich also nur darum handelte, diese Summe durch Trassiren an den Ausstellungsort zu transportiren, der Trassant auch ohne Wahrung der Solennitäten vom Inhaber am Ausstellungsorte wechselmäßig belangt werden kann. Er läuft folglich Gefahr, ganz wider seinen Willen und zu seinem großen Schaden als ein solcher traktirt zu werden, dem es nur darum zu thun war, vom Nehmer des Papiers ein am Ausstellungsorte selbst rückzahlbares Darlehn zu erhalten. Nach der deutschen Wechselordnung

Platze sein würden, wo von einem Schuldverhältnisse zwischen Trassant und Trassat gar keine Rede ist, so z. B. wenn der Trassat die betreffende Summe für den Trassanten auszuzahlen bereit ist, weil er sie ihm allererst ganz ungedeckt kreditiren will. Allerdings hängen dagegen die Acceptabilität der Tratten, sowie die Duplikabilität derselben nur in sofern mit diesem Zwecke des Trassirens zusammen, als sie, ohne den Trassanten zu gefährden, dem Inhaber des Papiers Vortheile gewähren, welche auf die Nachfrage nach dergleichen Papieren, ohne welche natürlich von einer Realisirung dieses Zweckes gar nicht die Rede sein könnte, günstig einwirken. Was endlich die Befugniß, den Wechsel an eigene Ordre zu stellen, anbetrifft, so muß zugestanden werden, daß diese Besonderheit der Tratten allerdings nur mit dem ersten Zwecke des Trassirens im Zusammenhange steht, und nur aus dem negativen Grunde den Tratten allgemein beigelegt ist, weil die Gefahr eines Mißbrauchs dieser Befugniß überhaupt nur beim Eigenwechsel zu befürchten ist.

§. 15. Fortsetzung.

Da nun dieser zweite Zweck des Trassirens durchaus nicht die Existenz einer Schuld des Trassaten an den Trassanten zu seiner Voraussetzung hat, so erscheint es denn durchaus nicht undenkbar, daß Jemand in der Lage sein kann, mit sich selbst ganz dieselbe Operation vornehmen zu wollen, welche der Trassant in Beziehung auf den Trassaten beabsichtigt, wenn er bloß diesen zweiten Zweck des Trassirens im Sinne hat. Es kann Jemand in der Lage sein, selbst als der einzige und wahre Eigenthümer über eine am Zahlungsort für ihn bereit liegende Geldsumme zur Zahlungszeit disponiren zu können, und gleichwohl das Bedürfniß haben, über diese Summe durch Ausstellung und Verkauf eines mit den besonderen Rechtsfolgen der Tratte versehenen Papiers an einem andern Orte, wohin dieselbe reell nur

---

kann dagegen der Inhaber der präjudicirten Tratte vom Aussteller bloß die grundlose Bereicherung im ordentlichen Civilwege einklagen, muß daher in solchen Fällen, wo bloß dieser letzte Zweck des Trassirens vorlag, darauf gefaßt sein, daß ihm entgegengehalten wird, der Trassat habe die bereit gehaltene Summe, weil sie am Verfalltage nicht abgeholt sei, auf anderem Wege, z. B. reell zugesendet, wodurch die und die Kosten, die und die Schäden entstanden seien, die nun sämmtlich von der empfangenen Valuta in Abzug zu bringen seien.

mit Zeitverlust, Kosten und Gefahren transportirt werden könnte, disponiren zu können, um so durch Trassiren die Uebelstände einer reellen Geldsendung von dem Zahlorte nach dem Ausstellungsorte zu vermeiden. Man denke sich z. B., daß Jemand persönlich in Berlin anwesend ist, vielleicht sogar seinen Wohnsitz in Berlin hat, während sein Geschäft in Wien ist, oder daß Jemand sowohl in Wien als in Berlin geschäftliche unter seiner eigenen Firma und Leitung stehende Etablissements habe. In solchen Fällen kann es gar nicht zweifelhaft sein, daß, wenn man einmal diesen zweiten Zweck des Trassirens auch ganz für sich allein als einen normalen, mit den besondern Rechtsfolgen der Tratte zusammenhängenden ansieht, ein wirkliches Bedürfniß [1]) anzuerkennen ist, auch sich selbst als Trassaten bezeichnen zu können. Der domicilirte Eigenwechsel ohne benannten Domiciliaten — von diesem kann hier zunächst nur die Rede sein, weil ja gar keine vom Aussteller verschiedene Person als Zahler gedacht wird — würde in solchen Fällen durchaus nicht, wie Einert dies anzunehmen scheint, ebenso brauchbar sein. Würde z. B. A, welcher in Berlin und Wien geschäftliche Mittelpunkte hat, eine Summe, die in Berlin gerade disponibel ist, in Wien verwenden wollen, und zu diesem Zwecke in Wien einen in Berlin zahlbaren domicilirten Eigenwechsel ausstellen, so würde er Gefahr laufen, daß der Käufer in Wien, gestützt auf die Eigenschaft des Papiers als Eigenwechsel das Papier in Wien ruhig liegen ließe, und dann innerhalb der dreijährigen Verjährungsfrist in Wien selbst die Wechselsumme einklagte. Denn es steht kein Wort davon in der Wechselordnung, daß die Wechselklage aus einem eigenen Wechsel gerade am Zahlorte angestellt werden müsse, daß für diese etwa das forum solutionis als ausschließlicher

---

1) Man kann allerdings nicht insofern von einem Bedürfnisse reden, als etwa ohne die Möglichkeit, auf sich selbst zu trassiren, der betreffende Zweck gar nicht erreicht werden könnte. Denn es muß zugegeben werden, daß wenigstens in den meisten Fällen der betreffende Summentransport auch durch Remittiren zu bewerkstelligen sein wird, d. h. so, daß an dem Orte, wo die Summe disponibel ist, ein von einer anderen Person ausgestellter trassirter oder eigener Wechsel, der aber an dem Orte, wo die Summe verwendet werden soll, zahlbar oder doch diskontabel ist, aufgekauft und an diesen letztern Ort gesendet wird. Wenn man aber überhaupt ein Bedürfniß des Verkehrs anerkennt, bei einem durch Wechseloperationen zu bewerkstelligenden Summentransport, nicht darauf beschränkt zu sein, den Weg des Remittirens einschlagen zu müssen, sondern auch den des Trassirens wählen zu können, je nachdem der Kursstand für den einen oder anderen Weg spricht, so ist in sofern allerdings von einem wirklichen Bedürfnisse in der angegebenen Richtung zu sprechen.

Gerichtsstand anzusehen sei. Aus allgemeinen Grundsätzen würde jedenfalls nur soviel folgen, daß bei dieser Wechselklage in Wien nicht die Wechselsumme effectiv, sondern nach dem Kurs, den zur Zeit der Klaganstellung in Wien das Berliner Geld hat, eingeklagt werden müsse. Aber auch hiermit würde dem A durchaus nicht gedient sein, da es ihm ja überhaupt nur darum zu thun war, daß die Summe von Berlin nach Wien geschafft werde, und hiebei gerade die Vortheile (Vermeidung der Gefahren, Kosten 2c. eines reellen Summentransportes) erzielt würden, welche das ganz gewöhnliche Trassiren von Wien nach Berlin gerade in der Zeit, innerhalb welcher sich die Operation abwickeln sollte, darbot. Das Einzige, was sich etwa einwenden ließe, um diesen Nachweis der Unbrauchbarkeit des domicilirten Eigenwechsels ohne benannten Domiciliaten für diesen zweiten Zweck des Trassirens, wenn derselbe von Jemandem in Beziehung auf sich selbst realisirt werden soll, zu entkräften, besteht darin, daß man auf die Befugniß des Ausstellers (art. 40 und art. 98 nr. 5) verweist, die Summe, wenn sie zur Zahlungszeit nicht gefordert wird, mit dem Erfolge der Liberation auf Gefahr und Kosten des Inhabers gerichtlich zu deponiren. Hiedurch würde allerdings das Mißlingen der wahren Absicht des Ausstellers, dem Effekte nach die am Zahlorte bereit liegende Summe durch Ausstellung und Verkauf des Papiers am Ausstellungsorte an diesen hinzuzuschaffen, vermieden werden können, indem dann dem säumigen Inhaber, wenn er am Ausstellungsorte klagt, die Einrede der Deposition entgegengehalten werden könnte. Allein das Deponiren der Wechselsumme ist überhaupt etwas sehr Unbeliebtes, etwas, das im kaufmännischen Verkehre nicht herkömmlich ist, sodaß ein Papier, welches nur unter der Bedingung, daß von vornherein an diese Maßregel gedacht wird, zu der in Rede stehenden Operation brauchbar ist, thatsächlich unbrauchbar genannt werden kann; überdies würde doch immer der Beweis, daß gerade die für diesen Wechsel bestimmte Summe deponirt sei, namentlich bei großen Entfernungen, man denke nur an den Verkehr zwischen Amerika und Europa, so viel Schwierigkeiten mit sich bringen, daß durch diese Befugniß des Ausstellers die Gefahr desselben, ganz gegen seine wahre Absicht am Ausstellungsorte selbst schließlich die als Valuta empfangene Wechselsumme zurückzahlen zu müssen, nur sehr unbedeutend vermindert erscheint. Aber zu dieser Gefahr des Ausstellers eines eigenen domicilirten Wechsels, wenn er sich dieser

Form bedienen müßte, um den hier in Rede stehenden Zweck des Trassirens auf sich selbst zu erreichen, kommen noch als weitere Gründe der geringeren Brauchbarkeit dieser Form zu diesem Zwecke, die fehlende Acceptabilität [1]) und Duplikabilität hinzu. Es muß als Thatsache anerkannt werden, daß die Nachfrage nach Papieren gerade wesentlich von diesen Eigenschaften der Tratte abhängt, daß ein Papier, welches schon durch seine Form: „Ich verspreche" sich als ein nicht acceptables ankündigt, und von welchem der Rechtskundige niemals ein Duplikat ausstellen wird, überhaupt gar nicht auf den eigentlichen Wechselmarkt kommen könne. Gerade aus diesen letzteren Gründen wird man sogar dem domicilirt-eigenen Distance-Wechsel mit benanntem Domiciliaten die Fähigkeit absprechen müssen, ein zu den eigentlichen oder normalen Zwecken des Trassirens brauchbares Papier zu sein, obgleich bei diesem gerade die wichtigste Diligenz bei Verfall in derselben Weise, wie bei der Tratte, vorgeschrieben ist.

Man wird daher annehmen müssen, daß auch beim legalen domicilirt-eigenen Wechsel, (d. h. beim domicilirt-eigenen Distance-Wechsel) überhaupt keiner der beiden normalen Zwecke des Trassirens, als Zweck der Ausstellung zu unterstellen ist, daß vielmehr bei solchen Papieren, wie überhaupt bei jedem Eigenwechsel, der Hauptzweck des Ausstellers die Begründung oder Befesti-

---

1) Der hier mögliche Einwand, daß beim legalen trassirt-eigenen Wechsel die Acceptabilität d. h. das Recht des Inhabers vor Verfall am Zahlorte resp. präsumptiven Wohnorte des Trassaten zu präsentiren, und eventuell Kaution zu fordern, gar kein rechtliches Interesse für den Inhaber darbiete, ist bereits oben beseitigt worden. Man könnte aber noch weiter einwenden: Was kann der Trassant eines legalen trassirt eigenen Wechsels für ein denkbares Interesse dabei haben, den Wechsel unacceptirt in den Verkehr zu bringen, und seine Verpflichtungen als Acceptant davon abhängig zu machen, daß das Papier an dem Zahlorte ihm zur Annahme präsentirt werde? Aber auch dieser Einwand ist nicht begründet. Denn durch die Präsentation zur Annahme erfährt der Aussteller erst, ob das Papier wirklich in der gewöhnlichen Weise vom Nehmer benutzt ist, d. h. an den Zahlort als Rimesse versandt ist. Er wird daher, wenn die Präsentation zur Annahme unterblieben ist, und dann auch der Verfalltag versäumt wird, zu dem Schlusse berechtigt, daß das Papier gar nicht den gewöhnlichen Gang einer Tratte gegangen sei, daß er sich also auf eine civilrechtliche Rückforderung der Valuta am Ausstellungsorte gefaßt zu machen habe. Ist dagegen der Accept ausgewirkt, so ist er zu dem umgekehrten Schlusse berechtigt, daß der Eigenthümer des Papiers, auch wenn er den Verfalltag versäumt, sich dennoch schließlich am Zahlungsorte melden werde, weil das Papier in der That an diesen als Rimesse gelangt sei. In diesten letztern Falle wird er daher seine Interessen am besten wahren, wenn er am Zahlorte deponirt, in dem ersteren umgekehrt, wenn er die bereit liegende Summe auf anderem Wege so schnell als möglich (z. B. durch Verhandlung einer neuen Tratte) an den Ausstellungsort transportirt.

gung eines zwischen ihm und dem Nehmer obwaltenden Schuldverhältnisses sei. Es ist dabei anzunehmen, daß der Aussteller entweder durch den Verkauf des Papiers und die damit verbundene Uebernahme einer wechselmäßigen Verbindlichkeit sich allererst ein Darlehn verschaffen will, oder daß derselbe eine bereits vorher begründete Forderung des Nehmers gegen ihn in dieser Weise zu kaviren, zu befestigen, sich genöthigt sieht. Es ist also weder die Rücksicht auf eine dem Aussteller gegen eine drittte Person zustehende Forderung, noch auch die Rücksicht auf eine für ihn an einem entfernten Orte bereit liegende Summe, welche Jemanden zur Ausstellung eines domicilirt-eigenen Distance-Wechsels veranlassen kann. Daß er nicht geradezu, wie beim gewöhnlichen Eigenwechsel, den Ausstellungsort als Zahlort bestimmt, das muß aus Umständen erklärt werden, die als bloße Nebenrücksichten bei seiner Operation zu betrachten sind; — sei es nun, daß er bloß zufälliger Weise zur Zeit der Ausstellung an dem Orte der Ausstellung sich befand, während sein einziger wahrer Geschäftsort der Zahlungsort ist, oder daß er sich gerade zur Zahlungszeit mit Geld versehen, am Zahlungsorte gelegentlich aufzuhalten gedenkt, oder endlich, daß er dabei bloß die Bequemlichkeit des Nehmers, der lieber am Zahlorte, als am Ausstellungsorte Zahlungen in Empfang nimmt, im Auge hat. In allen diesen Fällen wird der Aussteller des domicilirt-eigenen Wechsels, wenn er am Zahlungsorte in eigener Person zu zahlen hatte, damit einverstanden sein, wenn der Inhaber den Zahlungstag verstreichen läßt, und ihm länger, als er mußte, Kredit bewilligt, und schließlich in foro domicilii die Wechselsumme einklagt, sei es, daß sie, weil das forum domicilii zugleich auch der Zahlort ist, effektiv, oder daß sie nach dem Kurs vom Klageort nach dem Zahlort berechnet wird. Sein Hauptzweck, die Valuta kreditirt zu erhalten, wird dadurch nur noch mehr, als er beanspruchen konnte, erfüllt, ohne daß die Interessen, welche es ihm wünschenswerth machen konnten, am Zahlorte zahlen zu müssen, beeinträchtigt werden. Nur in dem einzigen Falle, wo er eine Person benennt, durch die er sein Versprechen am Zahlorte erfüllen will, kann durch die verspätete Präsentation am Zahlorte, oder durch das gänzliche Unterlassen derselben ein wirkliches Interesse des Ausstellers beeinträchtigt werden. Es rechtfertigt sich für diesen besonderen Fall die Nothwendigkeit der rechtzeitigen Präsentation trotzdem, daß auch hier als der Hauptzweck der Operation nur der vom Nehmer zu erwirkende Kredit zu betrachten ist. Denn hier ist es sehr wohl denkbar, daß der geschäftliche Mittelpunkt des Ausstellers (sein Domicil) nicht so nahe bei dem Zahlorte befindlich ist, daß der Aussteller in der Lage wäre, die zum Domiciliaten am Zahltage hingeschaffte Summe sofort nach verstrichenem Zahltage entweder bei Gericht zu deponiren, oder in Erwartung weiteren Kredits wiederum in seinen Nutzen zu verwenden, und sich so selbst gegen die Gefahren einer plötzlich ausbrechenden Insolvenz des Domiciliaten zu schützen. Es ist daher ganz konsequent, daß man den domicilirt-eigenen Wechsel, wenn er Distance-Wechsel ist, und wenn er zugleich auf eine vom Aussteller verschiedene Person als Zahler hinweist, zwar im Allgemeinen als Eigenwechsel gelten läßt, aber in diesem einen Punkte, in der Nothwendigkeit der Präsentations- und Protestations-Pflicht der Tratte gleichstellt.

§. 16. Schluß.

Somit stellt sich denn das Prinzip, daß der trassirt-eigene Wechsel, wenn er Distance-Wechsel ist, und zwar nur in diesem Falle für eine legale Tratte erklärt ist, als ein aus inneren Gründen, d. h. aus Rücksichten auf wirkliche Bedürfnisse des Verkehrs gerechtfertigtes dar. Es ist die Verschiedenheit der Personen zwischen Aussteller und Zahler die Voraussetzung, die conditio sine qua non für die Möglichkeit, daß der Aussteller eines Papiers den ersten von den beiden geschäftlichen Zwecken, mit denen die besonderen Rechtsfolgen der Tratte im Zusammenhange stehen, in der That beabsichtige; es ist die distantia loci in dem oben entwickelten Sinne ebenso die Voraussetzung für die Möglichkeit, daß der Aussteller den zweiten dieser Zwecke des Trassirens verfolge. Wenn daher jeder von diesen beiden Zwecken schon für sich allein im Zusammenhange mit den besonderen Rechtsfolgen der Tratte gedacht wird, so ist es ganz konsequent, die formelle Hinweisung auf die eine oder die andere dieser beiden Voraussetzungen für nothwendige Requisite der Trattenform zu erklären, sodaß einerseits, wenn auf Personenverschiedenheit zwischen Trassant und Trassat hingewiesen ist, das sonst nothwendige Erforderniß der distantia loci für entbehrlich erklärt wird, und andererseits, wenn auf distantia loci hingewiesen ist, das sonst nothwendige Erforderniß der Personenverschiedenheit für entbehrlich erklärt wird. Wenn man ferner zugiebt, daß beim Vorhandensein der einen oder der andern, oder beider Voraussetzungen für die Möglichkeit der Zwecke des Trassirens dennoch Jemand sehr wohl in der Lage sein kann, nicht die normalen Zwecke des Trassirens, sondern vielmehr den Zweck des Eigenwechsels, (sich vom Nehmer Kredit zu verschaffen), im Sinne zu haben, so ist es ferner ganz konsequent, wenn neben der legalen Platztratte der domicilirt-eigene Platz-Wechsel mit benanntem Domiciliaten, und neben dem legalen trassirt-eigenen Wechsel der domicilirt-eigene Distance-Wechsel als besondere Formen, als species der Eigenwechselform anerkannt sind.

Viertes Kapitel.

Rechtsfolgen des illegalen trassirt-eignen Wechsels.

§. 1. Einleitung.

Wenn wir uns die Frage aufwerfen, welche Rechtsfolgen der illegale trassirt-eigene Wechsel nach sich ziehe, so haben wir dabei überhaupt nur solche Fälle im Auge, wo Jemand ein der Voraussetzung der distantia loci [1]) nicht entsprechendes Papier in den Verkehr gebracht habe, in welchem er sich selbst als Bezogenen bezeichnete, im Uebrigen aber allen Voraussetzungen der Tratte, wie sie im art. 4 der Wechselordnung vorgeschrieben sind, vollständig nachgekommen ist. Wir beziehen also das Wort illegal lediglich auf den Mangel der distantia loci, und sehen von allen sonstigen Illegalitäten in der Form, dem Mangel des Wortes Wechsel, der Summe, der Zahlungszeit, der Datirung gänzlich ab. Wir fassen aber die Voraussetzung, daß der Aussteller sich selbst als Bezogenen bezeichnete, in einem etwas weiteren Sinne, als sie von Pöschmann in dem mehrfach angeführten Aufsatze

---

1) Absichtlich legen wir in diesem Kapitel auf die Frage, was unter der distantia loci zu verstehen sei, kein Gewicht; wir behandeln die Frage: „was die Nichtbeobachtung des Erfordernisses pos. 2 art. 6 für rechtliche Folgen habe?" als eine für sich bestehende, von der Frage: „worin diese Nichtbeobachtung bestehe?" unabhängige.

gefaßt zu werden scheint. Wir verstehen darunter nicht nur den Fall, wo der Aussteller seinen Namen oder seine Firma in der Adresse nochmals vollständig ausgeschrieben hat, sondern auch den weiteren Fall, wo er in die Adresse geradezu „an mich selbst" gesetzt hat, wenn nur in beiden Fällen das Papier im Ganzen in die Ausdrucksweise des Befehls (oder Auftrags, der Bitte, Anweisung), und nicht in die des direkten Versprechens eingekleidet ist. Wie ein Papier in diesem letztern Falle behandelt werden müsse, wenn es dem Erfordernisse in pos. 2 art. 6 nicht entspricht, darüber hat sich Pöschmann nicht direkt ausgesprochen. Nach Einert's Theorie würde es jedenfalls wie ein ganz gewöhnlicher iu die Form des direkten Versprechens eingekleideter Eigenwechsel zu behandeln sein. Denn dieser vindicirt sogar in dem ersten Falle dem betreffenden Papiere alle Eigenschaften des Eigenwechsels, und will höchstens einem solchen Nehmer, der über die wahre Beschaffenheit des Papiers in Zweifel ist, noch daneben das Recht einräumen, die Eigenschaften des Papiers als Tratte gegen den Aussteller geltend zu machen. Nach Pöschmann's Theorie ist dagegen das Papier immer dann, wenn der Nehmer in Zweifel sein konnte, ob das Papier wirklich auf den Trassanten selbst, oder eine Person gleiches Namens gezogen sein konnte, als ganz gewöhnliche Tratte zu behandeln. Es ist jedoch dem Verklagten aus einem solchen Papiere die Einrede der Nichtigkeit des Papiers (es sei weder Tratte, noch Eigenwechsel) gestattet, wenn der Kläger schon bei Annahme des Papiers wußte, daß der Aussteller in der That sich selbst und keine von ihm verschiedene Person gleiches Namens im Sinne habe. Diese Einrede der Nichtigkeit hält er namentlich dann für begründet, wenn jeder Nehmer wissen mußte, daß in der That gar kein solcher Bezogener gleiches Nawens mit dem Aussteller in der betreffenden Stadt existiren könne, wie z. B. in Folge des sächsischen Firmengesetzes vom 28. Juli 1846. Hieraus kann man den Schluß ziehen, daß Pöschmann Papiere, in welchen die Adresse den Namen des Trassanten und einen erklärenden Beisatz („nämlich an mich selbst") enthält, eben wohl als nichtige Tratten, und nichtige Eigenwechsel behandelt wissen wolle, wenn sie des Erfordernisses der pos. 2 art. 6 entbehren. Als letzte Konsequenz würde dann schließlich das Resultat zu Tage kommen, daß auch ein Papier, in welchem ganz direkt der Befehl, zu zahlen, an den Befehlenden selbst gerichtet ist, schlechterdings nicht als Eigenwechsel, und beim Mangel des Erfordernisses der pos. 2 art. 6 auch nicht als Tratte gelten könne.

Jedenfalls ist es im höchsten Grade auffallend, daß diese beiden Schriftsteller zu so ganz entgegengesetzten Resultaten gelangt sind, obgleich sie ausgesprochener Maßen von denselben Prämissen ausgehen. Pöschmann beruft sich nämlich geradezu [1]) hinsichtlich seiner juristischen Auffassung des Eigenwechsels auf Einert's Werk: Das Wechselrecht nach den Bedürfnissen ꝛc. Es muß daher zwischen beiden Schriftstellern Einverständniß über das, was gelten müßte, wenn es an besonderen legislativen Bestimmungen fehlte, unterstellt werden. Es muß angenommen werden, daß Pöschmann die Ansichten Einert's über die allgemeine Theorie des trassirt-eigenen Wechsels als die richtigen unterstellt. Abgesehen davon gründet Pöschmann seine Meinung zunächst ganz unmittelbar auf den Gang der Berathungen und der Abstimmungen in der Konferenz, und namentlich in der vielberegten 24. Sitzung. Erst dann, nachdem er von dieser Grundlage aus, auf welche auch Einert seine Theorie gründet, zu einem ganz bestimmten Resultate über unsere Frage gelangt ist, sucht er zu zeigen, daß dasselbe auch durch das Gesetz selbst bestätigt werde [2]). Schon hieraus dürfte sich ergeben, daß diese eine wesentliche Grundlage für die Aufstellung dieser entgegengesetzten Theorieen eine absolut unhaltbare ist, daß nämlich aus dem Gange der Berathungen und der Beschlußfassung in der vielberegten 24. Sitzung überhaupt gar nichts über unsere Frage hervorgeht. Wir werden daher im Verlaufe unserer Untersuchungen, sowohl bei der näheren Prüfung und Widerlegung dieser beiden entgegengesetzten Meinungen, als auch bei der Begründung einer selbstständigen Theorie

---

1) S. 187 Bd. II des Archivs gleich in der ersten Note der mehrfach citirten Abhandlung heißt es: „Ueber die Geschichte und die juristische Auffassung des eigenen Wechsels sei es gestattet, auf das classische Werk von Dr. C. Einert: Das Wechselrecht ꝛc. S. 66 ff. zu verweisen.“

2) Die Begründung durch den Gang der Berathungen und Abstimmungen nennt Pöschmann den historischen Beweis seiner Theorie und hält denselben in sofern, als man überhaupt auf die Verhandlungen in der Konferenz Gewicht legt, für ganz unzweifelhaft. S. seine Abhandlung S. 188 u. f. Nr. I A. a. Man vergleiche damit die Worte in Einert's Abhandlung S. 401: „Ich erkenne die Nothwendigkeit an, zum richrigen Verständnisse der darüber nichts aussprechenden Worte des Gesetzes auf die Verhandlungen in der vielberegten 24. Sitzung zu verweisen.“ Unmittelbar an diese Verweisung auf die Verhandlungen schließt sich dann die Schlußfolge, daß der trassirt-eigene Platz-Wechsel trockener Wechsel sei und bleibe. —

von dem, was über unsere Frage aus dem Gange der Berathungen und Abstimmungen in der Konferenz hervorgehen könnte, gänzlich absehen, und uns dabei lediglich an das halten, was aus allgemeinen Principien und dem Inhalte des Gesetzes selbst hervorgeht.

§. 2. Bemerkungen über Pöschmann's Theorie.

Gegen Pöschmann's Theorie dürften sich zwei sehr erhebliche Einwendungen machen lassen. Einmal führt seine Theorie, wie gezeigt, in ihrer äußersten Konsequenz zu dem gewiß unhaltbaren Resultate, daß ein Papier, welches sich vollkommen ebenso deutlich, wie ein ganz gewöhnlicher in die Form des direkten Versprechens eingekleideter Eigenwechsel, als solcher ausweist, und allen Voraussetzungen des art. 96 entspricht, ein völlig nichtiges, weder als Tratte, noch als Eigenwechsel brauchbares Papier sein soll. In dem art. 96 ist über die Redeweise, in welche die Erklärung des Ausstellers „Zahlung leisten zu wollen" (nr. 3 art. 96) eingekleidet sein müsse, auch nicht die entfernteste Andeutung gegeben. Daß die Redeweise des Befehls an sich selbst, wenn auch eine auffallende, doch eine höchst deutliche Erklärung: „eine Zahlung leisten zu wollen" enthält, das kann gewiß nicht bezweifelt werden [1]). Allerdings ist dieser besonderen Wahl des Ausdrucks unter einer ganz bestimmten Voraussetzung (distantia loci), wo damit in der That ein ganz besonderer, von den Zwecken der Ausstellung eines Eigenwechsels wesentlich verschiedener Zweck angedeutet sein kann, eine besondere Bedeutung vom Gesetze beigelegt worden. Es muß dies allerdings aus der Anerkennung des legalen trassirt-eigenen Wechsels als einer species der Tratte, neben der Anerkennung des domicilirt-eigenen Wechsels als einer species des Eigenwechsels gefolgert werden. Es liegt aber nicht der entfernteste Grund vor, hieraus weiter zu folgern, daß diese besondere Wahl des Ausdrucks da, wo sie diese besondere Bedeutung nicht haben kann, und noch weniger

---

1) In dieser Beziehung ist gewiß die Bemerkung von Thöl Bd. II §. 275 nota 2 S. 446 völlig richtig: „Denn wenn A. zu sich selbst spricht: Zahle dem B., so sagt er: Ich will, daß ich zahle; also: Ich will zahlen. Er verspricht also die Zahlung der Wechselsumme. Man sollte sich durch die Formel in den eigenen Wechseln, auf mich selbst und angenommen, darauf aufmerksam machen lassen, nicht daß dieses bei den eigenen Wechseln ein unnöthiger Zusatz sei, sondern daß auf sich selbst gezogene (eigentrassirte) Wechsel eigene Wechsel seien."

nach der wahren Absicht des Ausstellers haben soll, schlechterdings unzulässig sei, und einem Papiere, obgleich es dem Begriffe des Eigenwechsels, wie er im art. 96 aufgestellt ist, vollkommen entspricht, auch die Bedeutung eines Eigenwechsels entziehe. Der kaufmännische Gebrauch sieht zwar in der Redeform des direkten Versprechens in solchen Fällen, wo man im Grunde genommen nicht selbst eine Zahlung leisten will, wo man im Gegentheil durch eine andere Person eine Zahlung leisten lassen will, ein unzweideutiges Kennzeichen für die Absicht des Ausstellers, nicht eine Tratte, sondern einen Eigenwechsel ausstellen zu wollen. Die kaufmännische Ansicht wird immer in der Wahl des direkten Versprechens da, wo derselbe Sinn auch durch einen Zahlungsbefehl an eine vom Befehlenden verschiedene Person wiedergegeben werden könnte, die Hindeutung auf eine besondere Absicht des Ausstellers erblicken. Nach kaufmännischer Ansicht wird hiedurch hingewiesen auf die Absicht des Ausstellers, die Rechtsfolgen der Tratte (namentlich die Acceptabilität) ausschließen zu wollen, weil es ihm überhaupt nur, oder doch principal nur, um einen vom Nehmer zu erwirkenden Kredit, und nicht um Erledigung solcher Beziehungen zu dieser anderen Person zu thun sei, wie sie bei einer normalen Tratte zu unterstellen sind. Gerade deshalb, weil der Kaufmann regelmäßig nur Trattenformulare, Papierstreifen, welche einen Zahlungsbefehl ausdrücken, vorräthig hat, so kann es durchaus nicht als bloßer Zufall, als etwas Bedeutungsloses erscheinen, wenn Jemand das wechselmäßige Versprechen, durch eine von ihm verschiedene Person eine Zahlung leisten zu lassen, also den Inhalt einer ganz gewöhnlichen Tratte, in die Redeform eines Versprechens, selbst zahlen zu wollen, einkleidet. Aus demselben Grunde wird aber das Umgekehrte, daß Jemand das wechselmäßige Versprechen, selbst eine Zahlung leisten zu wollen, also den Inhalt eines ganz gewöhnlichen Eigenwechsels, in die Redeform eines an sich selbst gerichteten Befehles einkleidet, wenigstens dann als etwas rein Zufälliges, etwas Bedeutungsloses, das an der wahren Natur des Papiers als eines gewöhnlichen Eigenwechsels durchaus nichts ändern solle, erscheinen, wenn anderweit in dem Papiere zu erkennen gegeben ist, daß es dem Aussteller schlechterdings nicht um Herbeiführung der besonderen Rechtsfolgen der Tratte zu thun sein könne. Gerade dies ist nun aber bei einem Papiere, das einen Zahlungsbefehl, welcher ganz direkt an den Befehlenden selbst gerichtet ist, und zugleich den

Mangel des Erfordernisses der distantia loci formell ausdrückt, in der allerschlagensten Weise der Fall. Es führt demnach die Theorie Pöschmann's in ihrer Konsequenz zu einem Resultate, welches durchaus nicht durch den Buchstaben des Gesetzes geboten ist, und zugleich mit den käufmännischen Ansichten in einem direkten Widerspruch stehen würde.

Auf der andern Seite ist Pöschann's Theorie über die Einrede der Nichtichtigkeit des illegalen trassirt-eigenen Wechsels in solchen Fällen, wo er in der That von einem Dritten in dem guten Glauben, er sei eine ganz gewöhnliche Tratte, die auf eine Person gleiches Namens gezogen sei, erworben sein konnte, nicht im Einklange mit dem sonstigen Inhalte der Wechselordnung. Diese Einrede ist entweder eine wechselrechtliche, d. h. eine solche, welche aus dem Wechselrechte selbst hervorgeht, oder sie ist dies nicht. Ist diese Einrede eine wechselrechtliche im Sinne des art. 82 der Wechselordnung, so kann von einer replica doli, wodurch dieselbe so ohne Weiteres, wie Pöschmann annimmt, von jedem Kläger, der um den Grund der Einrede nicht wußte, beseitigt werden könnte, gar nicht die Rede sein. Es muß alsdann diese Einrede ganz ebenso, wie alle übrigen aus art. 7 der Wechselordnung entspringenden Einreden der Formwidrigkeit auch gegen einen gutgläubigen Kläger, der um die betreffende Formwidrigkeit nicht wußte, gestattet werden. Will man überhaupt eine solche replica doli, wie sie Pöschmann annimmt, statuiren, so müßte dieselbe auch gegen solche Wechselschuldner zustehen, welche andere wesentliche Formvorschriften verletzt zu haben behaupten, welche sich z. B. darauf berufen, daß das Wort Wechsel oder das Datum erst später ohne ihr Wissen und Willen auf das Papier gesetzt sei, oder daß sie die Tratte früher acceptirt haben, ehe sie noch vom Trassanten unterzeichnet war. Nun kann aber der art. 7 gewiß nur so ausgelegt werden, daß die Einrede, den Wechsel in einer nichtigen Form unterzeichnet zu haben, auch demjenigen Inhaber gegenüber zusteht, welcher in dem guten Glauben, daß die Unterzeichnung in ganz gehöriger Form zu Stande gekommen sei, das Papier erworben haben konnte, und in der That erworben hat [1]). Gegen die Härte, die in diesem

---

1) Einen sehr interessanten Fall enthält das Erkenntniß des Wiener Kassationshofs vom 23. Decbr. 1851 im Archiv Bd. II S. 424. Hier ist in höchster Instanz die gewiß allein richtige Interpretation des art. 7 in dieser Be-

Satze enthalten ist, gewährt keineswegs eine lediglich auf die Präsumtion des guten Glaubens gestützte replica doli, sondern vielmehr eine civilrechtliche Entschädigungsklage (actio doli, oder in factum wegen grundloser Bereicherung, oder actio ex pacto de cambio dando) ein entsprechendes Rechtsmittel. Auf eine solche civilrechtliche Entschädigungsklage würde daher der gutgläubige Inhaber hinzuweisen sein, wenn die auf den Trassanten selbst gezogene Platz-Tratte, als Tratte, aber als formell fehlerhafte Tratte zu behandeln wäre. Ist dagegen diese Einrede keine wechselrechtliche, keine solche, die auf einen wesentlichen, d. h. einen formellen Mangel des Papiers gestützt ist; entspringt dieselbe nicht aus art. 7 der Wechselordnung: dann kann auch für ihre Begründung der Beweis, daß der Aussteller in der That sich selbst als Bezogenen im Sinne gehabt habe, und daß der Kläger um diese Thatsache gewußt habe, für sich allein noch nicht hinreichen. Alsdann ist für ihre Begründung der Nachweis eines unmittelbar zwischen Kläger und Verklagten obwaltenden obligatorischen Verhältnisses erforderlich, welches nach allgemeinen civilrechtlichen Normen einen Anspruch des Verklagten auf Freisprechung von der Klage zu rechtfertigen im Stande ist. Dahin würde z. B. der Beweis einer zwischen dem Kläger und Verklagten unmittelbar gepflogenen Verabredung gehören, daß der Kläger sich nicht auf die Trattenqualität des Papieres berufen wolle, daß er es nicht zu einem Proteste wegen Nichtauffindung des vom Trassanten verschiedenen Trassaten gleiches Namens kommen lassen werde. Ja selbst diese Einrede würde da wegfallen müssen, wo alle mündlichen Nebenverabredungen bei schriftlichem Hauptkontrakte auch civilrechtlich für nichtig erklärt sind [1]). Dahin würde aber jedenfalls der Beweis gehören, daß Kläger sich auf des Verklagten Kosten grundlos bereichern werde, wenn man ihn mit seiner formell

---

ziehung der richterlichen Entscheidung zu Grunde gelegt worden. Auch Brauer in dem Kommentar zu **art.** 7 scheint die aus demselben entspringenden Einreden ganz ebenso aufzufassen. Ein anderes im Archive mitgetheiltes Präjudiz (Archiv Bd. II S. 330) widerspricht diesem Satze durchaus nicht, indem dabei unterstellt wird, daß die Vollständigkeit der Tratte schon vor der betreffenden Acceptation, wenn auch nach der Ausstellung und Begebung, herbeigeführt war. Dagegen würde das einige Seiten vorher (S. 328) unter Nr. 1 aus S. 21 des Archivs für Rechtsfälle ꝛc. entlehnte Präjudiz in der Allgemeinheit, in welcher darin die Einrede der Unvollständigkeit als unzulässig im Wechselprozesse hingestellt ist, der richtigen Interpretation des **art.** 7 direkt widersprechen.

1) So z. B. nach preußischem Rechte. S. darüber das Präjudiz im Archiv Bd. II Heft IV S. 425.

begründeten Klage hören wolle, indem gerade der Kläger bloß beauftragt gewesen sei, durch Verkauf des Papiers für Rechnung des Verklagten diesem ein Darlehn zu verschaffen, und, statt diesen Auftrag zu vollziehen, nun selbst Protest levirt und Regreß genommen habe.

§. 3. Bemerkungen zu Einert's Theorie.

Was die Theorie Einert's anbetrifft, so glauben wir, daß seine Auffassung des unzweideutig auf den Trassanten selbst gezogenen Platz-Wechsels zwar in ihrem Resultate, aber gewiß nicht in der principiellen Begründung zu billigen ist. Wenn Einert Seite 401 des mehrfach allegirten Aufsatzes sagt, daß beim trassirt-eigenen Platz-Wechsel „die Form der Ausstellung auf Beurtheilung des Wesens des Papiers gar keinen Einfluß habe", so ist dies gewiß nicht richtig. Die Wechselordnung geht durchweg von dem Principe aus, daß das Wesen des Papiers, d. h. die Absicht des Ausstellers und der weiteren Wechselerklärer nur aus der Form des Papiers und der betreffenden Wechselerklärung zu beurtheilen sei. Ueberall, wo die wahre Absicht des Wechselerklärers mit seiner wechselrechtlich erklärten Absicht in Widerspruch steht, da liegt ein irrthümlicher oder böslicher Mißbrauch einer Wechselform vor, eine Thatsache, die zwar sehr wichtige civilrechtliche Rechtsfolgen (actiones und exceptiones) aber keine eigentlich wechselrechtlichen Rechtsfolgen erzeugt. Wie man ohne von diesem Principe abzuweichen, die Eigenwechselqualität des unzweideutigen trassirt-eigenen Platz-Wechsels konstruiren könne, das dürfte bereits im vorigen Paragraph nachgewiesen sein. Bei einem Platz-Papiere ist gerade die unzweideutige Hinweisung eines Zahlungsbefehls auf den Befehlenden selbst, eine an sich deutliche und durch die Wechselordnung zugelassene Form für die Ausstellung eines eigenen Wechsels. Nach dieser Form, aber nicht etwa nach der wahren (jedoch nicht erklärten) Absicht des Ausstellers wird das Wesen des Papiers beurtheilt.

Daß aber, um die Rechtsfolgen des zweideutigen trassirt-eigenen Platz-Wechsels zu bestimmen, mit dem Principe, es habe die Form hier auf die Beurtheilung des Wesens des Papiers gar keinen Einfluß, nicht auszukommen sei, das erkennt Einert im Grunde genommen selbst an, indem er hier ein Wahlrecht des Inhabers zugiebt, wonach dieser ebensowohl die Trattenqualität, als auch die Eigenwechselqualität des Papiers geltend machen könne [1]).

Ein solches Wahlrecht, wie es nach englisch-amerikanischem Wechselrechte allerdings positiv rechtlich feststeht, dürfte übrigens aus der deutschen Wechselordnung schwerlich zu deduciren sein. Die Annahme eines solchen Wahlrechts kann durch die Bedürfnisse des Verkehrs, durch die Rücksicht auf den Kredit der Wechsel allerdings da, wo das Gesetz über die Voraussetzungen und formellen Kennzeichen der Wechselformen schweigt, gerechtfertigt sein. Wo dagegen das Gesetz ganz offenbar die Tendenz hat, die formellen Merkmale einer jeden Wechselform erschöpfend festzustellen, da kann von einem solchen Wahlrechte nicht die Rede sein, da muß der Richter in jedem einzelnen Falle die Frage, ob Tratte? ob Eigenwechsel? insofern sie überhaupt für Ansprüche aus dem Papiere präjudiciell ist, nach diesen Merkmalen definitiv entscheiden, gleichviel ob der Ausspruch für den klagenden Inhaber oder für den verklagten Zeichner günstig sei, gleichviel ob er diesem oder jenem die Last aufbürde, einen etwaigen materiell rechtswidrigen Erfolg im Wege einer civilrechtlichen actio oder exceptio zu beseitigen.

Es wird sich übrigens nachweisen lassen, daß nicht bloß diese rein theoretische Betrachtung gegen die Annahme eines solchen Wahlrechts spricht, daß demselben auch vom rein praktischen Standpunkte aus erhebliche Bedenken entgegenstehen. Wir werden hierauf weiter unten zurückkommen, wenn wir die praktischen Ergebnisse der Theorie, die wir für die richtige halten, etwas näher ins Auge fassen.

---

1) Wir glauben wenigstens annehmen zu dürfen, daß Einert seine Worte auf S. 402, „daß mithin ein Wechsel des Ausstellers auf sich selbst gezogen in aller und jeder Beziehung ein trockener Wechsel ist und bleibt," nicht dergestalt buchstäblich genommen wissen wolle, daß das Wahlrecht, auf welches seine allgemeine Theorie hinführt, positiv rechtlich nach dem argumentum a contrario durch den art. 6 pos. 2 der W. O. beim zweideutigen trassirt-eigenen Platz-Wechsel ausgeschlossen sein solle.

§. 4. Principielle Begründung der richtigen Theorie.

Die Theorie des illegalen trassirt-eigenen Wechsels, welche wir für die richtige halten, koncentrirt sich in folgenden Sätzen:

I. Der illegale d. h. dem Erfordernisse der pos. 2 art. 6 der Wechselordnung formell nicht entsprechende trassirt-eigene Wechsel, ist als solcher niemals Tratte und zieht als solcher schlechterdings nicht die Rechtsfolgen der Tratte nach sich.

II. Wenn derselbe aber so geformt ist, daß er die Auslegung, es habe der Aussteller eine andere Person gleiches Namens als Trassat im Sinne gehabt, zuläßt, so ist er gleichwohl als Tratte, und zwar nur als Tratte, insofern jedoch die unterliegenden Verhältnisse überhaupt wechselrechtlich in Betracht kommen, als Tratte mit fingirtem Trassaten zu behandeln.

III. Wenn derselbe so geformt ist, daß er eine solche Auslegung formell ausschließt, so daß ein Jeder, der ihn als Tratte mit fingirtem Trassaten behandeln wollte, sich mindestens einer groben Fahrlässigkeit schuldig machen würde, so ist er als Eigenwechsel und zwar nur als Eigenwechsel zu behandeln.

Der erste Satz bedarf keiner besondern Begründung, weil er ganz unmittelbar aus dem Gesetze selbst hervorgeht. Wenn gesagt ist, daß bei vorhandener d. h. formell ausgedrückter distantia loci Identität zwischen Trassant und Trassat rechtlich möglich sei, so ist damit zugleich gesagt, daß dies bei nicht vorhandener distantia loci rechtlich unmöglich sei, so daß jeder, der sich auf die Trattenqualität des Papiers und zugleich auf die Identität zwischen Trassant und Trassat einen Rechtsanspruch gründet, etwas rechtlich Unmögliches verlangt, einen Rechtsirrthum begeht.

Der dritte Satz beruht auf den Betrachtungen, die schon oben bei der Widerlegung Pöschmann's entwickelt sind. Es wäre absurd, ein Papier, dessen Wesen aus der Form des Papiers von Jedem erkannt werden muß, das ganz unzweideutig zu erkennen giebt, daß es nicht Tratte sein kann, und daß es Eigenwechsel sein soll, auch dann für ein nichtiges Papier, daß auch das, was es sein soll, nicht sein könne, zu erklären, wenn es den positiven Erfordernissen des Eigenwechsels vollständig entspricht.

Es bedarf daher nur noch der zweite Satz einer näheren Begründung.

Dieser zweite Satz ergiebt sich mit Nothwendigkeit, wenn wir das Verhältniß, in welchem die beiden Hauptformen des Wechsels (Tratte und Eigenwechsel) sowohl nach den Bedürfnissen des Verkehrs, als ganz besonders auch nach den positiven Bestimmungen der deutschen Wechselordnung zu einander gedacht werden müssen, etwas näher in Betracht ziehen.

Die Tratte mit ihren komplicirteren Voraussetzungen, und ihren komplicirteren Rechtsfolgen erscheint als die wichtigere, als die nothwendigere, als die thatsächlich häufiger vorkommende Wechselform. Die Zwecke des Ausstellers, welche mit den besonderen Rechtsfolgen der Tratte im Zusammenhange gedacht werden, (Einkassirung einer bereits begründeten Forderung des Ausstellers, oder künstliche Herbeiziehung einer fern vom Ausstellungsorte disponibeln Geldsumme), sind nach den Ansichten des Handelsstandes als ganz normale, häufig vorkommende geschäftliche Zwecke zu betrachten, die Niemand zu verbergen braucht, und Niemand verbergen will. Die Zwecke des Wechselausstellers, welche mit den besonderen Rechtsfolgen des Eigenwechsels im Zusammenhang stehen (Kredit vom Nehmer zu erhalten, der ohne die Uebernahme einer Wechselverbindlichkeit gegen diesen nicht gestattet werden würde), sind dagegen als abnorme, selten vorkommende geschäftliche Zwecke zu betrachten, die man nur unter ganz besonderen Voraussetzungen an den Tag zu legen geneigt ist.

Es rechtfertigt sich daher vollkommen, daß die deutsche Wechselordnung die formellen Erfordernisse des Eigenwechsels im Gegensatze zu denen der Tratte in einer solchen Weise feststellt, daß die Tratte als principale, der Eigenwechsel als subsidiäre Wechselform erscheint. Es rechtfertigt sich hiernach das Princip, daß jedes Papier, aus dessen Form auf die Absicht zu trassiren, geschlossen werden kann, für Tratte erklärt ist, daß daher jedes Papier immer schon dann als Tratte und nur als Tratte gelten soll, wenn es Tratte sein kann, gleichviel ob es übrigens daneben auch dem legalen Begriffe des Eigenwechsels entsprechen würde oder nicht. Daß in der That dieses Verhältniß zwischen den Voraussetzungen der Tratte und denen des Eigenwechsels in der Wechselordnung festgehalten wird, geht einestheils schon aus der ganzen Anordnung des Inhalts der Wechselordnung hervor — die Vorschriften über den Eigenwechsel bilden gleichsam nur einen Anhang zu denen über die Tratte. Sodann aber zeigt sich dieses deutlich, wenn man etwas näher die Formvorschriften über die Tratte (art. 4 und art. 6) mit denen über den Eigenwechsel (art. 96) vergleicht. Die ersteren sind so gefaßt, daß die Wahl einer ganz bestimmten Ausdrucksweise, nämlich die des Befehls, Auftrags, der Bitte, Anweisung, im Gegensatze zu der der des Versprechens als ein nothwendiges Requisit zu betrachten ist. Die letzteren dagegen sind so gefaßt, daß absichtlich jede Hinweisung auf die Ausdrucksweise, in welche das ganze Papier eingekleidet sein müsse, umgangen ist. Während in Nr. 3 des art. 96 ebenso kurz, und weniger zweideutig gesagt werden konnte: „an welche der Aussteller zu zahlen verspricht," ist der Ausdruck: „Zahlung leisten will," gewählt. Hiermit ist angedeutet, daß die Ausdrucksweise, in welche der Aussteller eines Eigenwechsels seinen Willen, Zahlung zu leisten, einkleiden müsse, an sich willkürlich sei; daß es auch nicht einmal nothwendig sei, zu erklären, die betreffende Summe selbst zahlen zu wollen, daß vielmehr an sich auch die Erklärung, durch eine andere Person Zahlung leisten zu wollen, dem Begriffe des Eigenwechsels entsprechen könne. Abgesehen von dieser offenbar absichtlich vagen Wendung: „Zahlung leisten will" in der Nr. 3, stimmen alle übrigen positiven Erfordernisse des Eigenwechsels art. 96 Nr. 1, 2, 3, 4, 5, 6 geradezu wörtlich mit den positiven Erfordernissen der Tratte in art. 4 Nr. 1, 2, 3, 4, 5, 6 überein. Für die Tratte sind nur noch außer diesen übereinstimmenden Erfordernissen die weiteren Erfordernisse in Nr. 7 und 8 des art. 4 vorgeschrieben, und sowohl durch die Fassung der Nr. 3 des art. 4 „gezahlt werden soll", als auch durch die Art und Weise, wie diese weiteren Erfordernisse Nr. 7 und 8 vorgeschrieben sind, angedeutet, daß die Ausdrucksweise des Befehls im Gegensatze zu der des Versprechens für die Tratte ein wesentliches Requisit sein solle. Wenn man daher nicht annehmen wollte, daß die Eigenwechselform als bloß subsidiäre betrachtet würde, oder mit anderen Worten, daß der formelle Mangel eines der positiven Trattenerfordernisse, wesentliches Requisit des Eigenwechsels sei, so würde jede Tratte immer zugleich auch als Eigenwechsel in Betracht kommen müssen. Es würde dann von verschiedenen Rechtsfolgen der Tratte und des Eigenwechsels in Beziehung auf die bei beiden Formen analog vorkommenden Interessenten (Aussteller, Indossant) gar keine Rede sein können. Es würde dann nicht bloß etwa der legale, unzweideutige, trassirt-eigene Distance-Wechsel, sondern sogar eine ganz gewöhnliche Tratte, in welcher eine vom Aussteller verschiedene Person, als Trassat, und eine vom Ausstellungsort verschiedene Stadt, als Zahlort bezeichnet wäre, dem legalen Begriffe des Eigenwechsels, wie er im art. 96 festgestellt ist, vollständig entsprechen. Denn daß der Zahlungsbefehl sogar in einer solchen höchst normalen Tratte ein völlig unzweideutiger Ausdruck für die Erklärung des Ausstellers, „eine Zahlung leisten zu wollen", nämlich „durch den Trassaten leisten zu wollen", enthält, kann gewiß nicht bezweifelt werden, und daß der Satz superflua non nocent für die Frage, ob ein Papier unter den Begriff des Eigenwechsels falle, im Allgemeinen Geltung habe, liegt schon darin, daß für diesen Begriff „Erfordernisse" aufgestellt werden. Da nun aber die Wechselordnung, wie wir im dritten Kapitel nachgewiesen haben, die Rechtsfolgen des Eigenwechsels in vielen Stücken wesentlich anders normirt, als die der Tratte, so ist bei der Begriffsbestimmung des Eigenwechsels der aus seinem subsidiären Verhältnisse zur Tratte zu entnehmende Satz zu supponiren: Ein Papier, welches irgend einem der formellen Erfordernisse der Tratte (art. 4 und art. 6 der W. O.) nicht entspricht, fällt unter den Begriff des Eigenwechsels, wenn es den im art. 96 festgestellten formellen Erfordernissen entspricht; ein Papier, welches dagegen formell allen Erfordernissen der Tratte entspricht, fällt schon deshalb schlechterdings nicht unter den Begriff des Eigenwechsels, mögen auch noch so sehr die positiven Erfordernisse des Eigenwechsels bei demselben zutreffen. Es ist somit durch die Wechselordnung eine den Ansichten des Handelsstandes und den Bedürfnissen des Verkehrs durchaus entsprechende praesumptio juris für die Trattenqualität und gegen die Eigenwechselqualität eines Papiers sanktionirt; es soll ein Papier nur dann als die Erklärung des Ausstellers, nicht die normalen Zwecke der Trattenausstellung, sondern die abnormen der Eigenwechselausstellung verfolgen zu wollen, interpretirt werden, wenn dies unzweideutig aus der Form des Papiers hervorgeht.

Mit dieser Supposition stehen denn die bereits anderweit gewonnenen Rechtssätze in Beziehung auf den domicilirt-eigenen und trassirt-eigenen Wechsel im vollständigsten Einklange. Aus dieser Supposition erklärt sich vollständig die formelle Scheidung zwischen einer ganz normalen Tratte und dem domicilirt-eigenen

Wechsel mit benannten Domiciliaten. Es erklärt sich aus ihr die formelle Scheidung zwischen legalem trassirt-eigenem und legalem domicilirt-eigenem Wechsel ohne benannten Domicilaten. Es beruhen nach dieser Supposition diese formellen Unterscheidungen nicht darauf, daß die Redeweise des Versprechens ein Requisit jedes Eigenwechsels, sondern lediglich darauf, daß die Redeweise des Befehls ein Requisit jeder Tratte ist Mit dieser Supposition steht dann ferner im Einklange, daß der unzweideutig trassirt-eigene Platz-Wechsel nicht Tratte, sondern Eigenwechsel ist; denn bei ihm ist ja der formelle Mangel wesentlicher Trattenerfordernisse anderweit festgestellt, so daß der Aussteller, um die Präsumption für die principale Wechselform auszuschließen, nicht erst zu der unbeliebten Ausdrucksweise des Versprechens seine Zuflucht zu nehmen braucht. Aus dieser Supposition erklärt sich dann endlich der Satz, daß der zweideutige trassirt-eigene Platz-Wechsel Tratte und nur Tratte, und zwar, weil in der That kein wirklicher Trassat gemeint war, Tratte mit fingirtem Trassaten sei, und als solche behandelt werden müsse. Denn es ist ja gerade die Möglichkeit einer solchen Auslegung des Papiers, als ob eine vom Trassanten verschiedene Person gleiches Namens als Trassat gemeint sein könnte, das charakteristische Merkmal eines Papieres, das wir einen zweideutigen trassirt-eigenen Wechsel nennen. Es ist daher wegen der allgemeinen Präsumption für die Absicht des Ausstellers, trassiren zu wollen, ein solches Papier von jedem Dritten, der die unterliegenden Verhältnisse zu ignoriren berechtigt ist, und ebenso vom Richter, wenn er ohne Rücksicht auf unterliegende Verhältnisse, über die Rechtsfolgen des Papiers zu entscheiden hat, so auszulegen, als ob der Aussteller eine Person gleiches Namens als wirklichen Trassaten habe hinstellen wollen.

§. 5. Praktische Resultate der richtigen Theorie.

Was zunächst den Satz I unserer Theorie anbetrifft, so wird dieser, im Grunde genommen, ebensowohl von Pöschmann, als von Einert als richtig supponirt, und es wird deshalb auch in Beziehung auf dessen unmittelbare praktische Anwendung eine Uebereinstimmung der Theorien dieser beiden Juristen mit der unserigen anzunehmen sein.

Indessen werden überhaupt nicht leicht Fälle vorkommen, wo

die richterliche Entscheidung sich wirklich direkt auf diesen 1. Satz beziehen könnte, und vielleicht ist dies der Grund, weshalb sowohl Einert, als Pöschmann denselben überhaupt nicht weiter berühren.

Ganz ohne alle unmittelbare praktische Bedeutung ist dieser Satz jedoch nicht. Zunächst wird von diesem 1. Satze immer dann direkt Gebrauch gemacht werden können, wenn es sich gar nicht um Ansprüche aus dem Papiere, sondern lediglich um die Frage handelt, ob durch das Geben (Ausstellung, Indossament) des Papiers Jemand seine Verpflichtung, eine Tratte zu liefern, gehörig erfüllt habe, wenn es sich also um eine civilrechtliche actio de cambio dando handelt. Man setze z. B. den Fall, es habe Jemand das Geben einer Platz=Tratte versprochen, und es sei dabei zwar die Summe, die Zahlungszeit, Ausstellungs= und Zahlort, aber sonst nichts über die Beschaffenheit des Papieres verabredet worden; es habe nun der Verpflichtete einen trassirt=eigenen Platz=Wechsel offerirt, und der Berechtigte verweigere dessen Annahme lediglich deshalb, weil das Papier, wie der Offerirende selbst zugiebt, auf eine mit dem Trassanten identische Person gezogen sei. Hier wird ganz zweifellos gegen den Offerenten entschieden werden müssen. Hier wird der Offerent — die sonstige civilrechtliche Klagbarkeit des Kontrakts unterstellt — zur Lieferung (Ausstellung, Indossirung) eines anderen Papiers, eventuell zur Entschädigung wegen nicht erfüllten Vertrags verurtheilt werden müssen. Aber auch abgesehen hievon können Fälle vorkommen, wo dieser 1. Satz ganz direkt einer richterlichen Entscheidung zu Grunde gelegt werden kann.

Es ist nämlich nicht ganz undenkbar, daß sich in Beziehung auf einen trassirt=eigenen Platz=Wechsel zwei Partheien gegenüberstehen, welche beide ihre Ansprüche auf die Trattenqualität des Papieres stützen, welche beide, das Papier sei kein eigener Wechsel, sondern eine legale Tratte, behaupten, jedoch so, daß die rechtliche Möglichkeit der Identität zwischen Trassant und Trassat von der einen Partei, und das Gegentheil von der anderen Parthei unterstellt wird. In einem solchen Falle werden Einert und Pöschmann mit uns übereinstimmen, daß die letztere Parthei im Rechtsstreite obsiegen müsse. Als ein denkbares Beispiel eines Falles dieser Art glauben wir eine wechselmäßige Regreßklage Mangels Annahme aus einem zweideutigen trassirt=eigenen Platz=Wechsel anführen zu dürfen, bei welcher sich aus dem Proteste ergiebt, daß der Aussteller selbst sich als Trassat zu geriren, und seine

Unterschrift nochmals auf die Vorderseite des Wechsels zu setzen bereit war, daß aber eine vom Trassanten verschiedene Person gleichen Namens überhaupt nicht aufzufinden (S. art. 91 der W. O.) oder zwar aufzufinden, aber doch nicht zu acceptiren gewillt war. Der Verklagte, gleichviel ob ein Indossant, oder der Aussteller selbst, giebt die Acceptabilität und überhaupt die Trattenqualität des Papiers zu, giebt sogar zu, daß er eine Tratte zu geben sich verpflichtet habe, daß bei Ausstellung oder Indossirung des vorgelegten Papiers die Frage, wer dann eigentlich als Trassat gemeint sei, gar nicht zur Sprache gekommen sei, daß es allerdings möglich sei, der Nehmer habe geglaubt, es sei eine vom Trassanten verschiedene Person gleichen Namens als Trassat gemeint gewesen. Er verlangt nur deshalb Freisprechung von der Kautionsverbindlichkeit, weil eine Person, die jedenfalls als wahrer Trassat gemeint sein könnte, die Acceptation offerirt habe. Der Kläger, gleichviel ob der letzte, protestirende Inhaber selbst, oder ein Vormann desselben, behauptet dagegen, er habe gerade im Vertrauen darauf das Papier genommen, daß eine zum Accept bereitwillige Person gleichen Namens mit dem Trassanten existire, und da dies nun, wie der Protest ergebe, nicht der Fall sei, so genüge das Erbieten des Trassanten, selbst zu acceptiren, nicht, und er sei daher in seinem Rechte, Kaution zu fordern. Hier werden alle die verschiedenen Theorien in Betreff des illegalen trassirt-eigenen Wechsels, weil sie den 1ten Satz unserer Theorie billigen, zu dem Erkenntnisse führen, daß der Verklagte zu verurtheilen sei, sofern er nicht etwa eine civilrechtliche exceptio auf anderweite Thatsachen zu stützen vermag. Denkt man sich in diesem fingirten Rechtsfalle den Trassanten als eine geschäftlich unbedeutende Person, deren Solvenz jetzt unzweifelhaft sein mag, die aber am Verfalltage sehr wohl insolvent sein kann, so wird es gewiß nicht als eine unnütze Subtilität erscheinen, daß einer solchen Regreßklage Mangels Annahme Gehör gegeben werden muß. Wäre dagegen das Papier, aus welchem eine ganz analoge Regreßklage Mangels Annahme angestrebt würde, ein Distance-Papier, dann würde umgekehrt der Verklagte in seinem Rechte sein, und der vielleicht in der That betrogene Kläger würde, um sich schon vor Verfall bessere Sicherheit, als das Accept des Trassanten selbst zu gewähren vermag, zu verschaffen, auf civilrechtliche Klagen zu verweisen sein. Denn hier ist der Kläger nicht zu behaupten berechtigt, daß das Papier selbst ihn zu dem Schlusse geführt habe, es existire eine vom

Trassanten verschiedene Person gleichen Namens, auf deren Accept er rechnen durfte; hier muß er, wenn ihm wirklich etwas der Art vorgespiegelt war, gegen den, der es ihm vorgespiegelt hat, eine Klage anstreben, die weder aus einem Wechsel entspringt, noch auch im Wechselprozesse zu verhandeln ist, die vielmehr entweder unter den Gesichtspunkt einer civilrechtlichen Deliktsklage (actio doli), oder unter den einer civilrechtlichen Kontraktsklage (actio ex pacto de cambio dando) fallen wird.

§. 6. Fortsetzung.

Was dagegen den zweiten und dritten Satz unserer Theorie betrifft, so werden Fälle, in denen dieselben unmittelbar, und der erste Satz nur mittelbar einer richterlichen Entscheidung zu Grunde gelegt werden können, weit häufiger und zwar in der mannigfachsten Weise vorkommen können. Es werden sich ganz bestimmte Klassen möglicher Fälle nachweisen lassen, worin der Ausspruch des Richters: „Das Papier ist zweideutiger trassirt-eigener Platz-Wechsel, folglich Tratte", oder der umgekehrte Ausspruch: „Das Papier ist unzweideutiger trassirt-eigener Platz-Wechsel, folglich Eigenwechsel" der einzige Entscheidungsgrund für die Verurtheilung oder für die Freisprechung eines verklagten Wechselunterzeichners sein kann. In diesen Fällen wird sich dann der Unterschied zwischen der von uns für richtig gehaltenen und den beiden anderen Theorien des illegalen trassirt-eigenen Wechsels als praktisch bedeutungsvoll darstellen. Es ergiebt sich diese Reihe von Fällen aus den Ergebnissen unserer Untersuchungen im dritten Kapitel, auf welche wir daher bei der Vorführung derselben verweisen werden. I. Fälle, worin der Ausspruch des Richters: „Tratte, wenn auch mit fingirtem Trassaten, aber kein Eigenwechsel" unmittelbar die Freisprechung, und der Ausspruch „keine Tratte mit fingirtem Trassaten, sondern Eigenwechsel" unmittelbar die Verurtheilung des verklagten Unterzeichners eines trassirt-eigenen Platz-Wechsels zur Folge haben kann.

1) Der wichtigste hierher gehörige Fall wird dann eintreten, wenn es sich um einen gegen den Aussteller eines trassirt-eigenen Platz-Wechsels erhobenen Wechselprozeß handelt in welchem der Kläger, auf die echte Unterschrift des wechselfähigen Ausstellers und einen Mangels Zahlung erhobenen Protest gestützt, Verurtheilung zur Zahlung der Wechselsumme

nebst Zinsen und Kosten beantragt, und der Verklagte nur geltend macht, daß der klägerische Anspruch als wechselmäßige Regreßklage aus einer Tratte deshalb nicht zu Rechte bestehen könne, weil die Protestation ersichtlich verspätet (S. Kapitel III §. 2) oder doch die Regreßfrist (S. Kapitel III §. 4) verstrichen ist. Hier wird nach unserer Theorie die Entscheidung des Richters lediglich von der Frage abhängen, ob das Papier als zweideutiger oder als unzweideutiger trassirt-eigener Wechsel geformt war. Fällt die Prüfung des Papiers dahin aus, daß es überhaupt von irgend Jemandem ohne grobe Fahrlässigkeit als Tratte mit wirklichem Trassaten gleichen Namens ausgelegt werden konnte, so hat er den Kläger selbst dann abzuweisen, wenn dieser nicht nur behauptet, daß der Aussteller in der That keinen wirklichen Trassaten gleichen Namens im Sinne hatte, sondern sogar diese Thatsache durch den Protest (vergebliche Aufsuchung eines solchen) oder durch verklagtisches Eingeständniß, oder sonst irgendwie prozessualisch festgestellt ist. Fällt dagegen diese Prüfung dahin aus, daß Niemand ohne grobe Fahrlässigkeit das Papier als Tratte, die auf eine vom Trassanten verschiedene Person gleichen Namens gezogen sei, auslegen konnte, so hat der Richter den Verklagten zu verurtheilen.

Wenn wir diese Entscheidungen mit denjenigen vergleichen, welche in gleichem Falle bei Annahme des von Einert supponirten Wahlrechtes ertheilt werden müßten, so dürfte sich schon hier nachweisen lassen, daß die Einert'sche Theorie in Betreff jenes Wahlrechtes auch von rein praktischen Gesichtspunkten aus sich als unhaltbar herausstellt. Nach Einert würde nämlich auch dann der Verklagte ohne Weiteres zu verurtheilen sein, wenn das Papier als zweideutiger trassirt-eigener Wechsel geformt war, wenn nur irgendwie in dem hier unterstellten Wechselprozesse die Thatsache festgestellt wäre, daß der Aussteller bei Anfertigung des Papieres keine von ihm verschiedene Person gleichen Namens als Trassat im Sinne hatte, oder haben konnte. Wäre mit dem Beweise dieser Thatsache ohne Weiteres immer auch der Beweis erbracht, daß der Aussteller in der That bei Ausstellung und Begebung des Papiers Valuta empfangen habe, und diese, wenn man die Klage des legitimirten Inhabers als präjudicirt ansehen wollte, rechtswidrig lukriren würde: dann allerdings würde kein erhebliches Bedenken gegen das praktische Resultat der Theorie Einert's vorliegen. Ja selbst dann würden die Bedenken gegen dieses Resultat von praktischen Gesichtspunkten aus ihre Bedeutung verlieren, wenn dem Verklagten das Recht einzuräumen wäre, auf den Beweis der Thatsache, daß er überhaupt keine Valuta empfangen oder dieselbe doch in Folge der Behandlung des Papiers als Tratte ganz oder theilweise eingebüßt habe, eine wechselrechtliche, d. h. auch gegen jeden gutgläubigen Inhaber wirksame Einrede zu stützen. Es ist aber nach den Prinzipien, welche die deutsche Wechselordnung über Wechselprozeß, wechselrechtliche Klagen und Einreden festhält, weder das Eine noch das Andere anzunehmen. Es ist z. B. sehr wohl denkbar, daß Jemand gerade mit Rücksicht darauf, daß das Papier als Tratte, freilich als Tratte mit fingirtem Trassaten von jedem gutgläubigen Erwerber behandelt werde, daß daher ein gutgläubiger Erwerber rechtzeitig zur Zahlung präsentiren, protestiren, und Regreß nehmen werde, die Valuta seinem ersten Abnehmer, dem das Papier abhanden gekommen war, restituirt habe. Hier würde denn die Entscheidung Einert's dahin führen, daß der Aussteller, welcher ebensowohl nach formellen, wechselrechtlichen, als auch nach materiellen, civilrechtlichen Rechtsgrundsätzen aufgehört hatte, debitor zu sein, gleichwohl zur Zahlung der Wechselsumme nebst Zinsen und Kosten verurtheilt werden müßte.

Die streng formellen Prinzipien der deutschen Wechselordnung über Wechselprozeß, wechselrechtliche Klagen, namentlich über die Legitimationsfrage (S. art. 36), und über wechselrechtliche Einreden (art. 82) haben überhaupt nur dann einen Sinn, und vertragen sich nur dann mit allgemein anerkannten Prinzipien des materiellen Rechts, wenn sie in ihrer ganzen Schärfe und Konsequenz durchgeführt werden. Jede Halbheit — und gewiß ist es eine Halbheit, wenn ein Papier, das formell Tratte ist, und als solche gegen den Aussteller geltend gemacht werden kann, unter Umständen auch als Eigenwechsel gelten soll — jede Halbheit in der Anwendung dieser formellen Prinzipien führt zu den allerentschiedensten Widersprüchen mit den Anforderungen der Gerechtigkeit. Wir geben zu, daß in den meisten Fällen, wo wir den Kläger im Wechselprozesse abweisen, derselbe gleich darauf im ordentlichen Prozesse, sei es, daß er eine actio doli, oder eine actio ex pacto de cambio dando, oder die Klage aus art. 83 der W. O. anstellt, Sieger sein wird. Wir glauben sogar annehmen zu dürfen, daß der Richter die Klage aus art. 83 schon dann für genügend begründet erachten dürfe, wenn nur bewiesen ist, daß in der That gar kein gleichnamiger

Traffat existirte, weil alsdann dafür, daß der Aussteller die Wechselsumme als Valuta empfangen habe, und sich mit derselben auf Kosten des Inhabers grundlos bereichern würde, eine Art von prozessualischer praesumtio juris[1]) streitet. Aber ungeachtet dieser praesumtio juris ist die Abweisung des Klägers im Wechselprozesse und die Nöthigung desselben, eine neue Klage im ordentlichen Prozesse anzustellen, keine unnütze Subtilität, weil erst hiedurch der Verklagte in die Lage kommt, mit ordinären Beweismitteln diese praesumtio juris geeigneten Falls beseitigen zu können. Es versteht sich dabei von selbst, daß die Frage, ob etwa diese neue Klage in Form einer replikalischen Klageerläuterung angestellt werden dürfe, sodaß es formell gar nicht zu einem abweisenden Erkenntnisse zu kommen braucht, nicht aus der Wechselordnung, sondern nach der Gerichtsverfassung (ob dasselbe Gericht für den Wechselprozeß und für den ordentlichen Prozeß kompetent sei?) und dem Gerichtsverfahren des betreffenden Landes zu beantworten ist[2]).

Wir wenden uns nunmehr zu den übrigen denkbaren hierhergehörigen Fällen, bei welchen wir aber deshalb weit kürzer sein können, weil sie auf der Voraussetzung thatsächlicher Verhältnisse beruhen, welche nur höchst selten vorkommen werden.

2) Es gehört hierher der wenigstens mögliche Fall, daß ein trassirt-eigener Platz-Wechsel in formgerechten Duplikaten in den Verkehr gebracht sei, daß nun in Folge eines Mißbrauchs dieser Duplikate der gutgläubige (oder doch, weil legitimirt, präsumptiv gutgläubige) Inhaber eines Exemplars gegen denjenigen Indossanten, welcher ersichtlich an dieselbe Person in-

---

1) Jedem Praktiker ist das, was wir hier eine processualische praesumtio juris nennen, der Sache nach hinreichend bekannt. Wollte ein Richter sich bei Vertheilung der Beweislast streng an die wenigen positivrechtlich bestimmt festgestellten praesumtiones juris halten, so würde die faktische Begründung mancher Klagen, und namentlich aller auf das factum grundloser Bereicherung zu stützenden Klagen in concreto niemals möglich sein. Daher wird der Richter gezwungen, bloße erfahrungsmäßige Wahrscheinlichkeitsregeln (praesumtiones facti seu hominis) bei Regulirung der Beweislast bisweilen genau ebenso zu behandeln, als wären es gesetzliche Wahrscheinlichkeitsregeln. Auf diesem Satze beruht im Grunde genommen die Annahme der faktischen Begründung der Klage in dem Rechtsfalle Archiv Bd. II S. 338; denn die Bezugnahme auf fr. 18 quod metus causa (V, 2) dürfte wohl nur eine elegante Beigabe, aber kein entscheidender Grund sein.

2) In dem Rechtsfalle Archiv Bd. II S. 335 hat man die Umwandlung der wechselmäßigen Klage in eine solche civilrechtliche für zulässig erachtet. In andern Ländern des gemeinen Rechts würde wahrscheinlich das Erkenntniß gelautet haben, daß dies eine unstatthafte Klagänderung sei, und daher ein neues Klaglibell eingereicht werden müsse.

dossirt hat, oder gegen den Aussteller selbst, eine an sich begründete wechselmäßige Regreßklage Mangels Zahlung anstellt, gegen welche die Einrede der rechtzeitigen Zahlung eines andern Exemplares an einen ebenfalls legitimirten Inhaber opponirt und wechselmäßig bewiesen wird. S. Kapitel III §. 7. Hier wird der Ausspruch: „Tratte, wenn auch mit fingirtem Trassaten" den Kläger nöthigen, mit civilrechtlichen Rechtsmitteln gegen die Urheber oder Theilnehmer des böslichen Mißbrauchs, oder gegen die aus dem irrthümlichen Mißbrauch grundlos Bereicherten aufzutreten. Der Ausspruch: „unzweideutiger trassirt-eigener Platz-Wechsel, folglich Eigenwechsel" nöthigt umgekehrt den verklagten Indossanten zu weiterem Rückgriffe, und schließlich den Aussteller zu den erwähnten civilrechtlichen Rechtsmitteln.

3) Aus den Deduktionen im §. 8 des vorigen Kapitels ergiebt sich ein gleichfalls hierher gehöriger Fall: Wenn nämlich aus einem als Duplikat geformten, aber ersichtlich als bloßer Kopie, als bloßem Indossirungsinstrumente benutzten Exemplare eine wechselmäßige Regreßklage gegen den erklärten Versender des Originals, oder gegen seinen Nachmann erhoben wird, ohne daß außer dem Proteste wegen Nichtablieferung des Originals, noch der weitere art. 69 nr. 2 beschriebene Protest beigebracht wird: so wird der Ausspruch: „zweideutiger trassirt-eigener Platz-Wechsel, folglich Tratte" die Abweisung des Klägers, und umgekehrt der Ausspruch: „Eigenwechsel" die Verurtheilung des Verklagten im Wechselprozesse zur Folge haben.

4) Wenn endlich auf dem trassirt-eigenen Platz-Wechsel eine an sich ebensowohl als beschränkter Accept, wie auch als beschränkte Mitausstellung (Aval) geformte Wechselerklärung befindlich ist, und aus dieser eine Klage im Wechselprozeß erhoben wird, ohne daß die Erfüllung des beschränkenden Vorbehaltes wechselmäßig bewiesen ist, so ist es nach den Ausführungen Kapitel III §. 7 letzte Note nicht unmöglich, daß der Ausspruch „unzweideutiger trassirt-eigener Wechsel" die Verurtheilung des Verklagten und der Ausspruch „zweideutiger trassirt-eigener Wechsel" die Abweisung des Klägers unmittelbar zur Folge habe. Es muß dabei freilich angenommen werden, daß der beschränkende Vorbehalt von einer solchen Beschaffenheit ist, daß die Nichtbeachtung desselben seitens des dermaligen Klägers nicht von vorn herein als ein dolus oder der Versuch, sich mit dem Schaden des Unterzeichners rechtswidrig zu bereichern, erscheint, weil sonst

die Verurtheilung des Verklagten auch im Falle der Eigenwechselqualität des Papieres wegen sofort bewiesener civilrechtlicher exceptio unterbleiben müßte.

§. 7. Fortsetzung.

II. Fälle, worin umgekehrt die Trattenqualität des trassirt-eigenen Platz-Wechsels die Verurtheilung, und die Eigenwechselqualität die Freisprechung des verklagten Wechselzeichners zur unmittelbaren Folge haben kann.

1) Der wichtigste hierher gehörige Fall tritt immer dann ein, wenn es sich um einen gegen den Aussteller, oder einen Indossanten eines trassirt-eigenen Platz-Wechsels erhobenen Wechselprozeß handelt, in welchem der Kläger, auf die echte Unterschrift des betreffenden wechselfähigen Wechselzeichners und einen Protest Mangels Annahme gestützt, vor Verfall[1]) Verurtheilung zur Kautionsleistung beantragt, und der Verklagte nur geltend macht, daß das Papier, weil Eigenwechsel, unacceptabel sei. (S. Kap. III §. 5.) Der Protest wird hiebei immer so zu denken sein, daß entweder die Erklärung des wahren Ausstellers, daß in der That gar keine von ihm verschiedene Person gleichen Namens als Trassat gemeint sei, oder der Umstand, daß eine solche Person vergeblich in der betreffenden Ortschaft aufgesucht worden sei, in demselben urkundlich festgestellt ist. Nicht hierher wird dagegen der Fall gehören, wo es sich um eine wechselmäßige Klage auf Kaution gegen einen Indossanten handelt, und aus dem Proteste hervorgeht, daß weder ein wahrer Trassat existire, noch auch ein wahrer Aussteller; denn hier dürfte die Klage wohl nach art. 98 Nr. 4 jedenfalls begründet sein, möchte nun dieses falsche Papier als Tratte, oder als Eigenwechsel geformt sein, weil ein Aussteller, der überhaupt nicht existirt, gewiß noch unsicherer ist, als ein solcher, der zwar existirt, aber insolvent geworden ist. Ebenfalls nicht hierher würde der Fall gehören, wenn aus dem Proteste weiter gar nichts hervorginge, als daß der wahre Aussteller ohne alle Angabe der Gründe jede nochmalige Unterzeichnung des Papiers verweigert habe; denn hier würde die Regreßklage Mangels Annahme schon nach dem ersten Satze unserer Theorie unbegründet sein, es würde hier

---

1) Es wird also hier vorausgesetzt, daß das Papier nicht Auf Sicht laute, weil sonst ohnehin nicht von einer Klage vor Verfall die Rede sein kann.

dasselbe Entscheidungsprincip für den Verklagten sprechen, was in dem oben fingirten Rechtsfalle (s. dieses Kapitel §. 5 am Ende) gegen den Verklagten angewendet wurde. Sehen wir von diesen gar nicht hierher gehörigen Fällen ab, und denken wir uns den Protest in der angegebenen Weise, so kommt hier wiederum nur die Frage in Betracht, ob irgend Jemand aus dem Papiere die Hinweisung auf einen vom Aussteller verschiedenen freilich nur fingirten Trassaten entnehmen konnte, oder nicht. Wo nicht, so ist der Kläger ohne Weiteres abzuweisen, weil die Protestaufnahme Mangels Annahme sich als eine absolut wechselrechtswidrige Handlung darstellt, aus der schlechterdings Niemand einen Rechtsanspruch ableiten kann. Ist es dagegen möglich, daß irgend Jemand das Papier in der angegebenen Weise interpretiren konnte, so muß der Verklagte, wenn er wirklich nur die Nichtacceptabilität des Papiers einzuwenden hatte, verurtheilt werden. Es wird diese Verurtheilung sogar dann erfolgen können, wenn prozessualisch feststeht, daß der Kläger gleich beim Erwerbe des Papiers die wahre Absicht des Ausstellers, sich selbst als Trassaten im Sinne zu haben, zufälliger Weise gekannt habe. Denn das Feststehen dieser Thatsache begründet für sich allein noch keineswegs eine civilrechtliche, im Wechselprozesse zulässige exceptio. Anders würde es sich freilich verhalten, wenn der Kläger einräumte, daß er das wahre Sachverhältniß schon beim Nehmen des Papiers gekannt habe, und er zugleich auch selbst der protestirende Inhaber, nicht aber etwa ein Vormann eines solchen, wäre. Denn in diesem Falle würde allerdings die Klage als bloße Chikane erscheinen, und der Kläger zwar nicht wegen Nichtacceptabilität des Papiers, wohl aber wegen erwiesener, an sich civilrechtlicher, jedoch im Wechselprozesse zulässiger exceptio doli abgewiesen werden müssen. Ganz ebenso würde zu entscheiden sein, wenn der Abschluß eines Vertrags[1]) zwischen dem dermaligen Kläger und Verklagten dahin, „daß der Erstere es nicht zu einem Proteste Mangels Annahme kommen lassen, vielmehr dafür einstehen werde, daß Niemand, durch die Form des Papiers

1) Wo römisches Recht über die Form der Verträge neben der deutschen Wechselordnung Rechtens ist, da kommt auch gar nichts darauf an, ob dieser Vertrag schriftlich oder mündlich oder gar durch konkludente Handlungen zu Stande gekommen ist, wenn er überhaupt nur prozessualisch feststeht, z. B. vom Kläger eingestanden ist. Wo dagegen partikularrechtlich der Grundsatz gilt, daß bei schriftlichem Hauptvertrage jeder nicht schriftliche Nebenvertrag nichtig ist, da wird sich dies freilich anders verhalten. Vergl. die letzte Note zu §. 2 dieses Kapitels.

getäuscht, Protest Mangels Annahme levire", in dem hier unterstellten Prozesse festgestellt wäre.

2) Hierher gehört ferner der Fall, welcher sich aus der Betrachtung der Wechsel an eigene Ordre im Kapitel 3 §. 12 ergiebt. Gesetzt nämlich, irgend ein wahrer und wechselfähiger Wechselzeichner (Aussteller, Mitaussteller, Indossant oder Mitindossant), welcher in einem Wechselprozesse aus einem an eigene Ordre lautenden trassirt-eigenen Platz-Wechsel verklagt wird (Regreßklage Mangels Zahlung oder Mangels Annahme), verlange, ohne sonst irgendwie die rechtliche und faktische Begründung der Klage bestreiten zu können, nur deshalb Freisprechung, weil prozessualisch feststeht (Eingeständniß, Beweis oder jetzige Beschaffenheit des Papiers), daß das Papier zur Zeit seiner Wechselerklärung ein Inhaberpapier (Wechsel an eigene Ordre mit 1tem Blankogiro) gewesen, und diese Gestalt auch nicht nachträglich mit seinem Wissen und Willen geändert worden sei. Hier wird der Ausspruch: „zweideutiger trassirt-eigener Wechsel, folglich Tratte," die Verurtheilung des Verklagten, und der Ausspruch: „unzweideutiger trassirt-eigener Wechsel, folglich Eigenwechsel," die Abweisung der Klage zur Folge haben.

3) Hierher würde auch ein Wechselprozeß gehören, in welchem ein ersichtlich als bloßes Indossirungsinstrument benutztes, übrigens nach den Formvorschriften des art. 66 eingerichtetes Duplikat eines trassirt-eigenen Platz-Wechsels nebst den beiden art. 69 vorgeschriebenen Protesten vorgelegt würde, um gegen denjenigen, welcher ersichtlich Vormann des Versenders ist, eine wechselmäßige Regreßklage Mangels Zahlung zu begründen. S. Kapitel III §. 8. Ist das Papier zweideutiger trassirt-eigener Wechsel, folglich Tratte, so muß der Verklagte, wenn ihm sonst keinerlei Einwendungen zu Gebote stehen, verurtheilt werden; ist es dagegen unzweideutiger trassirt-eigener Wechsel, folglich Eigenwechsel, so muß der Kläger ohne Weiteres abgewiesen werden; denn es erscheint ja dann, wie bereits früher gezeigt, das Begehren des beim Aussteller protestirenden Inhabers von vorn herein als eine rechtswidrige Handlung, als der Versuch, einen hier in Mitte liegenden Mißbrauch eines Duplitats zu begünstigen.

4) Hierher gehört endlich ein Fall, in welchem sogar die Frage, ob ein civilrechtlicher ex pacto de cambio dando erhobener Klaganspruch begründet sei, lediglich nach dem Principe, daß der illegale trassirt-eigene Platz-Wechsel, wenn zweideutig, als

Tratte, wenn unzweideutig, als Eigenwechsel behandelt werden müsse, zu entscheiden ist. S. Kapitel III, §. 9. Wenn Jemand eine Tratte zu geben versprochen hat, und durch Ausstellung oder Indossirung eines trassirt-eigenen Platz-Wechsels diese Verpflichtung erfüllen will, so kann der Promissar (Käufer, Schenknehmer, Nehmer an Zahlungsstatt, Tauschnehmer ꝛc.) mit vollem Rechte sich weigern, ein solches Papier zu nehmen, gleichviel ob es übrigens zweideutig oder unzweideutig den Trassanten selbst als Trassaten bezeichnet. Würde der Promittent das Papier als eine auf den Trassanten selbst gezogene legale Tratte offeriren, so würde er in einem Rechtsirrthum befangen sein. Wie bereits gezeigt, würde dann schon aus dem ersten Satze unserer Theorie folgen, daß der Promissar zur Verweigerung der Annahme berechtigt sei. Würde der Promittent es als Eigenwechsel offeriren, so würde er damit selbst zugeben, daß er seine Verbindlichkeit, eine Tratte zu liefern, ungehörig (aliud pro alio) erfülle. Würde der Promittent es endlich als normale Platztratte, d. h. als Tratte mit zufälliger Gleichnamigkeit des Trassanten und Trassaten offeriren, so würde er damit, gleichviel ob wissentlich (so immer, wenn er der Aussteller selbst ist), oder unwissentlich (als selbst getäuschter Indossant) dem Promissar unwahre Thatsachen vorspiegeln, und es versteht sich dann von selbst, daß der Promissar, das wahre Sachverhältniß aufdeckend, mit vollem Rechte die Annahme des Papiers ablehnt.

Wenn aber Jemand einen Wechsel zu geben verpflichtet ist und der Promissar die Ausstellung oder Indossirung eines trassirt-eigenen Platz-Wechsels als Erfüllung dieser Verbindlichkeit ohne irgend eine Widerrede zugelassen hat, jedoch nachträglich auf die im art. 66 vorgeschriebene praesumptio juris gestützt, die Lieferung von Duplikaten verlangt: dann tritt, sofern es wegen Verweigerung der Duplikate zu einem Rechtsstreite kommt, der Fall ein, den wir hier im Auge haben. Es muß der Verklagte verurtheilt werden, wenn das Papier die Auslegung zuließ, als könne ein gleichnamiger Trassat gemeint sein; und es muß der Kläger abgewiesen werden, wenn das Papier diese Auslegung nicht zuließ.

§. 8. Schluß.

Wir sind somit zu dem praktischen Ergebnisse gekommen, daß in einigen Fällen (I, Nr. 1, 2, 3, 4) die zweideutige Gestalt des trassirt-eigenen Platz-Wechsels dem verklagten Zeichner, in anderen (II, Nr. 1, 2, 3, 4) dagegen dem klagenden Inhaber zum Vortheile gereicht, daß daher in den ersteren Fällen der Kläger, und in den letzteren Fällen der Verklagte ein rechtliches Interesse daran habe, daß der Richter bei Prüfung der Form des Papiers zu dem Ausspruch komme, es habe dasselbe von Niemandem für eine Tratte, die auf einen Trassaten gleichen Namens gezogen sei, gehalten werden können, es sei daher, ungeachtet der Ausdrucksweise des Befehls, ein echter Eigenwechsel, und keine fingirte Tratte. Es bleibt nun nur noch zu untersuchen übrig, nach welchen Principien die Frage, ob Niemand ohne grobe Fahrlässigkeit das Papier für eine Tratte mit einem vom Trassanten verschiedenen Trassaten halten konnte, zu entscheiden sein wird. In dieser Beziehung dürfte jedoch sehr häufig auf individuelle Verhältnisse des konkreten Falles, die schlechterdings nicht unter allgemeine Regeln zu bringen sind, nach richterlichem Ermessen ein entscheidendes Gewicht zu legen sein. Namentlich glauben wir, daß der lokale Schrift- und Sprachgebrauch, die lokalen Usanzen und Gesetze in den betreffenden Handelsplätzen, die hier immer zugleich Ausstellungs- und Zahlort sind, als Umstände in Betracht zu ziehen sind, welche Niemand, der ein wechselmäßiges Papier unterzeichnet oder nimmt, ohne sich einer groben Fahrlässigkeit schuldig zu machen, ignoriren darf. Es wird daher nicht ganz unmöglich sein, daß unter Umständen ein trassirt-eigener Wechsel bloß deshalb als unzweideutiges Papier und folgeweise als Eigenwechsel zu behandeln ist, weil die gleichen Namen in der Unterschrift und in der Adresse beide als Geschäftsnamen bemerkbar gemacht sind, und zugleich nach den Gesetzen oder Usanzen des betreffenden Platzes zwei Geschäfte gleichen Namens eine absolute Unmöglichkeit sind. Ob indessen dieser Fall durch das von Pöschmann citirte sächsische Gesetz vom 28. Juli 1846 für die Städte Sachsens wirklich eintreten könne, wagen wir nicht zu entscheiden.

Sieht man aber von dergleichen lokalen Einflüssen auf die Entscheidung dieser Frage ab, so dürften sich aus der Natur der Sache wohl folgende Principien rechtfertigen lassen.

A. Wenn das Papier überhaupt gar keine Namen in der Adresse enthält (vielmehr Wendungen wie: „an mich selbst", „an meine Firma" rc.), so ist dasselbe ausnahmslos als unzweideutiger trassirt-eigener Platz-Wechsel, d. h. als Eigenwechsel zu behandeln, und demgemäß der Verklagte in den obigen Fällen unter I zu verurtheilen, und in den Fällen unter II freizusprechen.

B. Wenn das Papier den in der Unterschrift enthaltenen Namen in der Adresse wiederholt, so wird es in der Regel unter den Begriff des zweideutigen trassirt-eigenen Platz-Wechsels fallen, d. h. als Tratte mit fingirtem Trassaten zu behandeln sein, und demgemäß der Verklagte in den Fällen unter I freizusprechen und in den Fällen unter II zu verurtheilen sein.

C. Eine allgemeine Ausnahme von dieser Regel wird dann eintreten, wenn bei der Wiederholung des Namens in der Adresse Zusätze gemacht sind, aus welchen die Identität des Trassanten und Trassaten für Jeden erkennbar wird (z. B. „nämlich an mich selbst", oder „und von mir selbst angenommen", „bei mir selbst zahlbar", „bei mir selbst zu präsentiren"), und diese Zusätze ersichtlich gleich bei der Ausstellung des Papiers zu Stande gebracht sind. Liegt diese Beschaffenheit des Papiers vor, so ist demnach in den Fällen unter I gegen den Verklagten und in den Fällen unter II gegen den Kläger zu entscheiden.

D. Sind dagegen dergleichen unzweideutige Zusätze im Augenblicke, wo das Papier der richterlichen Prüfung unterbreitet wird, vorhanden, aber nicht in einer solchen Gestalt, daß sich mit Gewißheit daraus entnehmen ließe, ob sie als ursprüngliche Form des Papiers, oder als spätere Nachträge zu betrachten sind, dann muß das Papier als eine Tratte, welche nachträglich, jedoch ungewiß, wann? in die Form des Eigenwechsels korrigirt ist, behandelt werden[1]). Der wichtigste hierher gehörige Fall wird der sein, wo der Trassant selbst eine Accepterklärung in einer solchen Weise beigefügt und unterschrieben hat, daß durch diese anscheinend nachträgliche Erklärung erst die Identität zwischen Trassant und Trassat für Jedermann deutlich erkennbar wird, z. B. die Unterschrift unter dem Accepte und unter der Tratte sind ganz deutlich von ein und derselben Hand geschrieben. Wo das Papier aus diesem oder einem ähnlichen Grunde als eine ursprünglich legale Tratte, die nachträglich in die Eigenwechselform korrigirt ist, zu behandeln ist, da wird in folgender Weise zu entscheiden sein:

---

1) Ganz dieselben Entscheidungen, welche wir hier in Vorschlag bringen, müßten daher auch Platz greifen, wenn bei einer ganz gewöhnlichen Tratte mit Namensverschiedenheit zwischen Trassant und Trassat der Name in der Adresse oder die ganze Adresse ausgestrichen und die Phrase „Zahlen Sie" in „Ich will zahlen" korrigirt ist.

1) Der Kläger wird in den Fällen I, 1, 2, 3, 4 überhaupt nur dann mit seinem Klaganspruche durchdringen können, wenn in seinem processualischen Vorbringen die Behauptung enthalten ist, daß der betreffende Zusatz sich mindestens schon in dem Augenblicke auf dem Papiere befand, als diejenige Wechselerklärung, aus welcher er Klage erhebt, vollendet wurde.

2) Der Kläger wird in den Fällen II, 1, 2, 3 überhaupt nur dann mit seinem Klaganspruche durchdringen können, wenn in seinem processualischen Vorbringen die Behauptung enthalten ist, daß der betreffende Zusatz sich in dem Augenblicke, wo die Wechselerklärung, aus welcher geklagt wird, vollendet wurde, noch nicht auf dem Papiere befand.

3) Der Kläger wird in dem Falle II, 4 überhaupt nur dann mit seinem Klaganspruche zuzulassen sein, wenn er behauptet, daß der betreffende Zusatz sich in dem Augenblicke, wo er das Papier, als Erfüllung der Verbindlichkeit, einen Wechsel zu geben, annahm, noch nicht auf dem Papiere befunden habe.

4) Fehlt es ganz und gar an den hiernach nothwendigen Behauptungen des Klägers, sind dieselben namentlich auch nicht als stillschweigend aufgestellt anzusehen, oder sind dieselben durch irgend welche nach der Beschaffenheit des betreffenden Processes zulässige Beweismittel widerlegt, so ist der Kläger zurückzuweisen.

5) Sind dagegen diese Behauptungen aufgestellt und ihre Wahrheit processualisch durch Eingeständniß oder durch irgend welche in der fraglichen Proceßart zulässige Beweismittel festgestellt so ist der Verklagte zu verurtheilen.

6) Ist aber weder das Eine (Nr. 4) noch das Andere (Nr. 5) der Fall, so hat der Richter die Umstände des konkreten Falles zu berücksichtigen, und wenn aus ihnen die größere Wahrscheinlichkeit für die dem Kläger günstigen Thatsachen hervorgeht, den Verklagten zu verurtheilen, in allen übrigen Fällen aber nach dem Grundsatze in dubio pro reo den Verklagten freizusprechen.

Druck von J. Draeger in Berlin, Adlerstr. 9.

Kolibri 360 GmbH
Ferdinand-Jühlke-Straße 7
99095 Erfurt, Deutschland
produktsicherheit@kolibri360.de